영어음운론

영어음운론

초판 1쇄 인쇄 2016년 8월 20일
초판 1쇄 발행 2016년 8월 25일

지은이 이재영
펴낸곳 서울대학교출판문화원
펴낸이 성낙인

책임편집 정성숙
디자인 최선아

출판등록 제15-3호

주소 (08826) 서울시 관악구 관악로 1
대표전화 02-880-5252 | 팩스 02-888-4148
마케팅팀(주문상담) 02-889-4424, 02-880-7995
이메일 snubook@snu.ac.kr
홈페이지 www.snupress.com

ISBN 978-89-521-1826-4 93740

영어음운론

이재영 지음

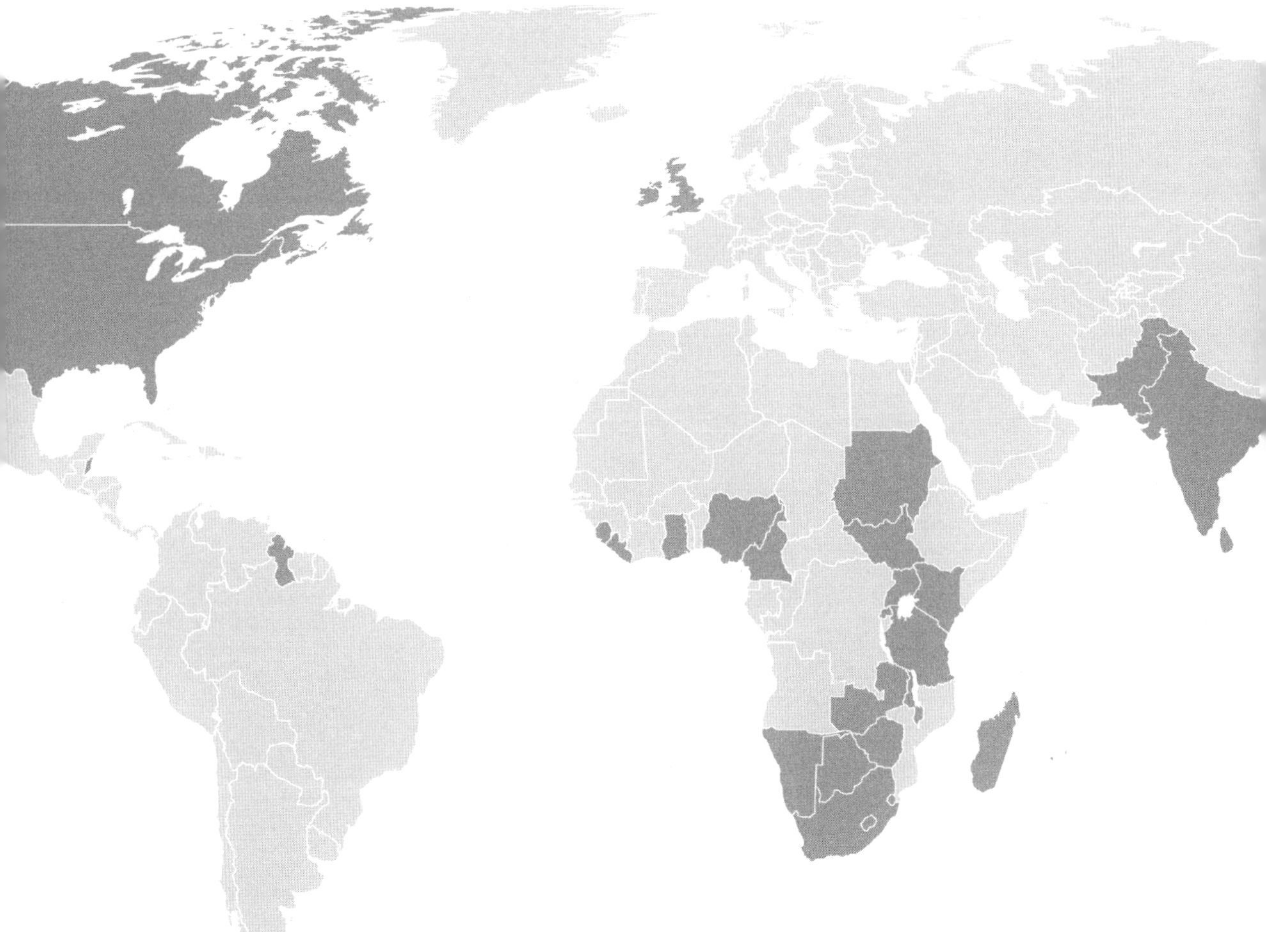

서울대학교출판문화원

English Phonology

Jae-Young Lee

Seoul National University Press

머리말

이 책은 영어음운론 연구자들이 영어 음운현상을 가능한 한 깊이 있게 이해하고 체계적으로 연구할 수 있도록 도움을 주고자 기획되었다. 영어 음운현상은 생성음운론의 태동기부터 음운이론의 전개와 발전에 커다란 공헌을 해 왔다. 영어 음운현상은 지나치게 강조될 이유도 없지만, 그렇다고 무시되거나 소홀히 다루어져서도 안 될 것이다. 필자는 영어의 음운현상을 이론적으로 어떻게 분석하는가도 중요하지만, 음운현상 그 자체를 제대로 이해하는 것이 우선되어야 한다는 믿음을 가지고 있다. 음운이론은 시대에 따라 많은 부침이 있다. 따라서 이론 그 자체를 너무 신성시하는 것은 좋은 태도가 아니라는 것을 경험적으로 이미 알고 있다. 중요한 것은 음운현상을 명확히 이해하고, 그 현상이 왜 일어났으며 어떠한 모습을 보이는가를 이해하는 것이다. 왜냐하면 이론은 시간이 지나감에 따라 변화를 보일 수 있지만, 분석대상인 언어 자료는 시간이 흘러도 여전히 존재하기 때문이다.

이 책의 가장 큰 특징 중의 하나는 영어 음운현상의 구체적인 모습을 기술하면서 기존의 생성음운론에서 주로 관심을 뒀던 표준 미국 영어나 영국 영어에만 초점을 맞추지 않고 가능한 한 많은 영어 방언을 살펴보는 것이다. 여러 영어 방언을 살펴봄으로써 영어음운론 연구자들이 지금까지 관심을 기울이지 않았거나 아직 포착하지 못한 음운현상을 다수 발견하고 설명한다는 점이다. 영어 음운현상을 살펴볼 때, 표준 영어에만 국한하는 것은 전반적인 영어의 이해를 위해서 좋지 않다는 판단에 따라 가능하면 많은 영어 방언을 살펴보고자 하였다. 그러나 이 책에서 다룬 음운현상도 더 많은 연구결과가 쌓인 후 되짚어 보면, 여전히 작은 부분에 속하는 것으로 드러날 수도 있을 것이다. 그럼에도 불구하고 앞으로 더 많은 연구를 위한 촉진제 역할을 할 수 있으리라는 기대를 하고 있다.

이 책은 일곱 개의 장으로 구성되어 있다.

제1장에서는 영어라고 말할 때 우리가 의도하는 정체성은 무엇인가에 대해서 다루고 있다. 영어의 정체성을 찾는 과정에서 영어가 여러 방언의 집합이라는 것을 알게 된다. 우리나라 사람은 영어를 외국어로서 배우고 있다. 따라서 어느 특정한 영어 방언을 유일무이한 영어의 모습으로 인식하는 우를 범하지 않는 것이 중요하다는 생각을 기저에 깔고 영어 방언을 살펴볼 것이다. 영어 방언에 대한 체계적 분류는 앞으로 더 많은 연구를 통해 이뤄져야 하겠지만, 앞으로의 연구를 촉진하는 밑거름이 되었으면 하는 바람으로 영어 방언에 대한 조야한 수준의 분류를 시도한 것이다. 물론 이는 기존 연구에 크게 의존한 것이며, 필자의 독창적인 연구 결과물은 아니다.

제2장에서는 영어의 자음과 모음 체계에 대해 살펴보고 있다. 이는 영어 음운현상을 이해하기 위해서 반드시 필요한 부분이다.

제3장에서는 강세가 영어에서 차지하는 위상의 중요성을 살펴보고 있다. 또한 강세현상과 분절음 음운현상이 영어음운론에서 어떠한 연관성을 갖는지 알아본다.

제4장에서는 영어 음운현상 분석을 위해 이용되었던 음운이론의 대강을 살펴보면서, 어떠한 이론이 영어음운론의 이론 발전에 도움을 주었는지에 관하여 논의한다. 동시에 앞으로 어떠한 음운이론이 대두할 것인지에 대한 해답을 찾아보기 위한 방편의 하나로 영어 음운현상과 관련된 음운이론을 소개한다. 1960년대 이후부터 현재까지 이 장에서 논의하고 있는 음운이론 이외에도 여러 가지 음운이론이 명멸하였다. 그동안의 음운이론을 빠짐없이 수록하고 소개한다는 것은 불가능할 것이다. 또한 이론 평가라는 척도에서 보아도 크게 의미가 없을 것이다. 따라서 여기서는 생성음운론의 전통 중에서 가장 큰 공헌을 하고, 그에 따라 음운이론 역사상 시대 구분을 확실하게 할 수 있도록 큰 획을 그은 이론들만 다룬다.

제5장에서는 영어에 나타나는 여러 종류의 자음 관련 음운현상을 살펴보고 있다. 여기서 다루는 음운현상 중에는 기존의 영어음운론 연구 문헌에서 다루어진 것도 있지만, 그렇지 않은 것도 많다. 지금까지 영어음운론 연구의 주된 대상이 되지 못한 음운현상도 음운론 발전에 큰 도움이 될 수 있으리라는 믿음으로 가능한 한 많은 음운현상을 조사하기 위해 노력하였다.

제6장에서는 영어에 나타나는 모음 관련 음운현상에 대해 알아보고 있다. 기존의 연구에서 다루지 않았던 음운현상들이 많이 포함되어 있다.

제7장에서는 영어 방언변이를 최적성이론이 어떻게 다룰 수 있는가에 대한 예를 살펴보고 있다. 최적성이론 자체에 대한 연구라기보다는 영

어 방언변이가 음운이론 발전에 어떠한 공헌을 할 수 있는지에 초점을 맞추고 있다. 이 장을 통해 영어 방언 연구가 음운이론의 검증을 위해 공헌할 수 있음을 확인하게 될 것이다.

기존의 많은 영어음운론 문헌은 Chomsky & Halle(1968)가 주목한 음운현상들 그리고 그 이후 학자들이 주로 주목하는 음운현상들에만 관심을 기울이는 단점이 있다. 이 책은 이러한 단점을 극복하고 영어음운론 연구의 폭을 넓히는 데 도움을 주고자 다양하고 많은 음운현상을 소개하고 있다. 이 책을 통해 영어음운론 연구에 대한 관심의 폭이 더욱 넓어지고 기존 음운이론에 대한 검증과 나아가 새로운 음운이론의 창출에 기여할 수 있기를 기대한다.

영어음운론 연구자를 이상적인 독자로 상정하고 있지만, 언어학에 대한 기본 개념을 습득한 사람은 누구라도 쉽게 접근할 수 있도록 쓰려고 노력하였다. 따라서 영어음운론에 대한 보다 깊은 공부를 원하는 학부생이나 대학원생들에게도 도움을 줄 수 있으리라 기대해 본다.

이 책의 출간을 위해 여러 사람이 도와주었다. 우선, 학부와 대학원에서 강의할 때 필자에게 왜 영어음성학과 영어음운론을 공부하는지에 대해 진지하게 질문해 주었던 학생들에게 고마움을 표하고자 한다. 학생이 없으면 선생도 있을 수 없다는 당위성 때문만은 아니다. 학생들의 질문에 대한 답을 모색하는 과정 중에 음성학과 음운론의 중요한 이슈들에 대해 곰곰이 생각할 수 있었기 때문이다. 이 책의 원고를 읽어 준 오영일 교수,

박해일 교수와 조혜선 교수, 그리고 원고 단계부터 교정지 교정까지 머리말부터 색인까지 꼼꼼히 읽고 교정해 준 안미연 박사와 노근영 박사, 그리고 김지예 선생께 말로 다할 수 없는 고마운 마음을 전하고자 한다. 끝으로 기호가 많고 편집하기 어려운 부분이 많은 원고를 성심성의껏 교정, 편집해 주신 정성숙 선생님, 그리고 곽진희 선생님께 깊은 감사를 드린다.

2016년 8월 10일

이재영

차례

제1장

영어: 역동적 언어

오늘날 영어는 전 세계에서 공통적인 의사소통의 수단으로 쓰이고 있다. 따라서 영어가 지구촌의 공통어(lingua franca: 링구아 프랑카)가 되었다는 데 이의를 달기 어려울 것이다.[1] 하지만 우리는 여기서 하나의 질문을 던질 수 있다.

과연 영어란 무엇인가? 이것은 너무나 당황스러운 질문일 것이다. 영어라고 하면 누구나 다 알고 있을 것 같은데, 막상 이 질문을 접하면 제대로 대답하기 어렵기 때문이다. 영어는 의사소통의 수단으로 일상생활에서 그리고 구체적인 상황에서 사용되고 있는, 분명한 실체를 가지고 있는 언

1) 링구아 프랑카란 원래 프랑스의 한 지방에서 사용되던 언어를 지칭하였다. 좀 더 구체적으로 말하자면, 십자군전쟁이 치러지던 때에 의사소통의 수단으로 사용되던 레반트 지방 프로방스어를 가리킨다. 그러나 오늘날의 언어학자들은 이 용어의 의미를 확장해서 사용하고 있다. 즉, 한 사회나 국가 내에서 여러 언어 사용자들이 의사소통을 원활하게 하기 위한 수단으로 채택하는 공통어를 링구아 프랑카라 일컫는다. 어떤 한 언어를 링구아 프랑카라 말할 때에는 단지 그 언어의 사용자 수를 가지고 정하는 것은 아니다. 지구 상에서 현재 언어 사용자 수만 놓고 볼 때에는 중국어가 1위, 스페인어가 2위다. 이 두 언어의 사용자가 영어 사용자 수보다 많다. 하지만 중국어와 스페인어를 지구의 링구아 프랑카라고 말하지는 않는다. 다언어 사회와 국가에 있어서의 링구아 프랑카에 대한 좀 더 자세한 논의는 김종현(2009)을 참조하기 바란다.

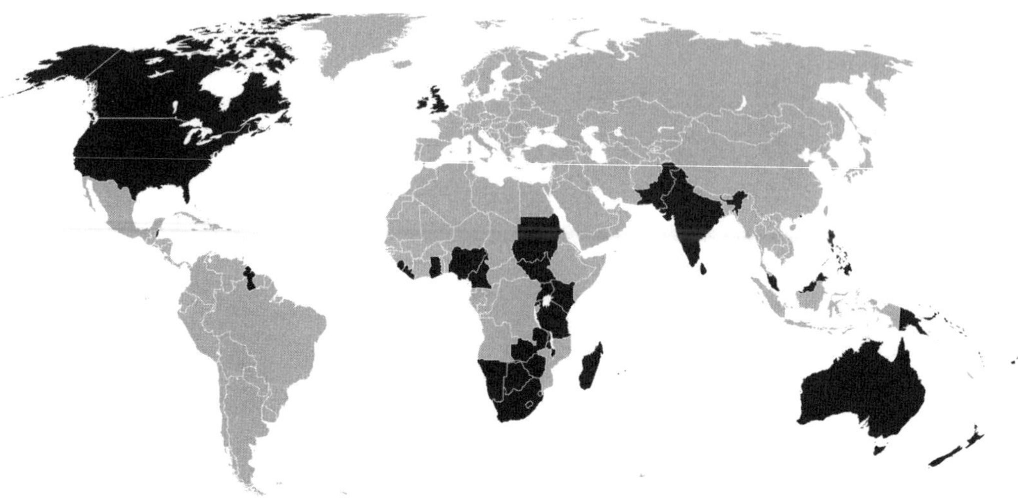

그림 1.1 영어를 공용어로 사용하는 나라

어임이 틀림없다. 하지만 영어가 무엇인가 하는 질문에 직면했을 때에는 대답의 곤궁함을 느끼게 된다.

영어는 다양한 국가와 사회에서, 그리고 다양한 언어 환경과 사람들에 의해 사용되는 역동적 언어이지 화석화된(fossilized) 그리고 이상화된(idealized) 하나의 균일한 문법과 발음을 가진 정체된 언어가 아니다. 영어는 다양한 변이(variation)를 보인다. 즉, 영어는 지역과 민족, 그리고 사회계층 등 여러 요인에 따라 다양하게 이해되고, 다채롭게 사용된다.

영어 방언을 연구하는 학자들에 따르면 영어는 수많은 종류의 방언으로 나뉜다.[2] 이 책에서는 대표적인 영어 방언에 대해서만 살펴볼 것이다. 우선, 국가 경계에 따라 영어를 세분할 수 있다. Wells(1982)에 따르면, 영

2) 한 언어의 다양성을 포착하는 용어로는 방언(dialect)과 말투(accent)가 있다. 방언은 통사적 측면과 음운/음성적 측면에서의 차이 모두를 포괄해서 사용하고, 말투는 음운/음성적인 측면에서의 차이에 초점을 둔 용어다. 하지만 일반적으로는 방언과 말투라는 용어를 별 차이 없이 사용한다. 변이(variation)라는 용어도 방언이나 말투라는 의미로 사용할 수 있긴 하다. 그러나 변이라는 용어는 좀 더 포괄적인 쓰임새를 가지고 있다. 언어와 언어 간의 차이도 크게 보면 변이가 되고, 한 언어 내에서의 차이도 변이라고 할 수 있다. 그 밖에도 변이라는 용어는 더 확장해서 사용할 수 있다. 따라서 이 책에서는 방언이나 말투라는 용어를 선호하여 사용할 것이고, 이 두 용어를 큰 차이 없이 사용할 것이다. 왜냐하면 이 책은 음운/음성학에 관한 것이라는 전제가 있기 때문이다.

어는 영국 영어(British English), 웨일스 영어(Welsh English), 스코틀랜드 영어(Scottish English), 아일랜드 영어(Irish English), 북미 영어(North American English), 캐리비안 영어(Caribbean English), 호주 영어(Australian English), 뉴질랜드 영어(New Zealand English), 남아프리카 영어(South African English), 인도 영어(Indian English), 아프리카 영어(African English)[3], 극동 영어(Far Eastern English)[4] 등의 방언으로 크게 분류할 수 있다.[5]

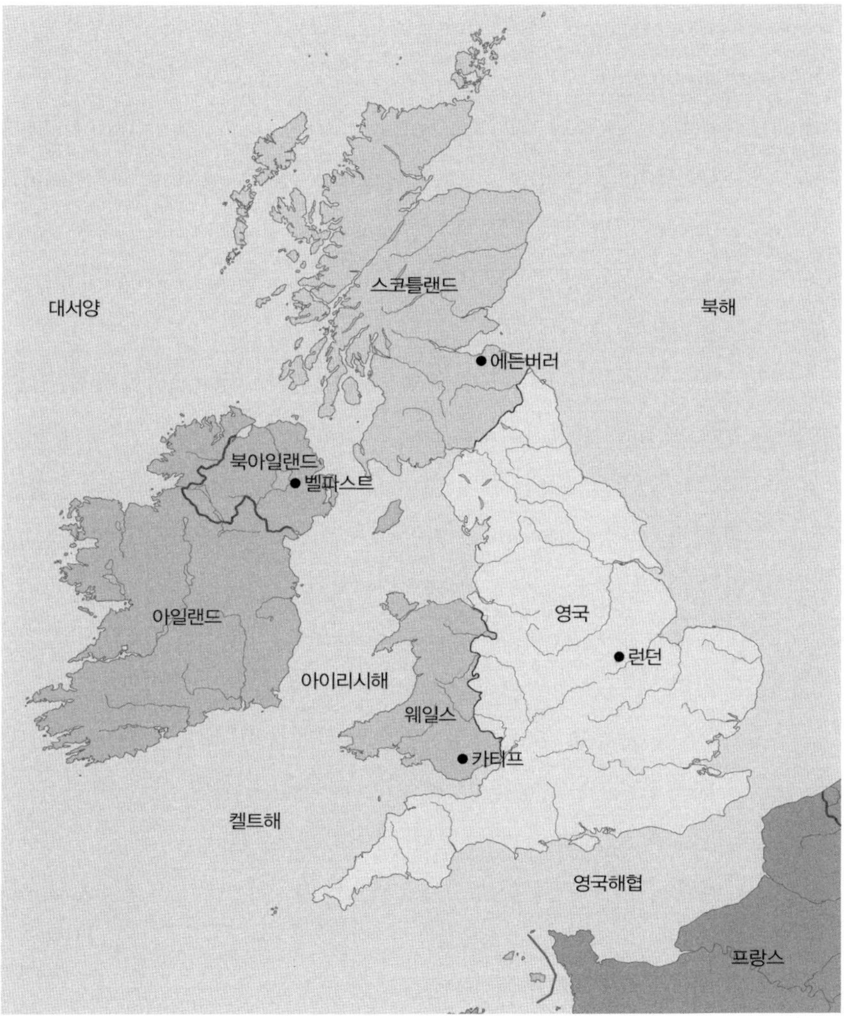

그림 1.2 영국 제도(British Isles)

3) 라이베리아 영어(Liberian English)가 여기에 속한다.

국가나 대륙을 기준으로 하는 영어 방언 분류 외에도 한 국가 안에서 지역적 차이에 따라서도 여러 방언으로 구분할 수 있다. 그중 몇 가지만 살펴보자. 영국 영어를 예로 들어 보면 다양한 영어 방언으로 세분할 수 있다.

런던 영어(London English), 남부 영어(Southern English), 북부 영어(Northern English) 등으로 세분할 수 있고, 남부 영어는 다시 동부 영어(East Anglian English), 중남부 영어(South Midland English), 동남부 영어(South Eastern English), 서남동부 영어(Eastern South-Western English), 서남서부 영어(Western South-Western English)로, 북부 영어는 중동부 영어(East Midland English), 중서부 영어(West Midland English), 중서부 영어(North-West Midland English), 머지사이드 영어(Merseyside English), 중부 랭커셔 영어(Central Lancashire English), 험버사이드 영어(Humberside English), 중부북부 영어(Central Northern English), 동북부 영어(North Eastern English) 등의 방언으로 세분할 수 있다.

영국 제도(British Isles) 내의 방언인 아일랜드 영어도 지역적 차이에 따라 남아일랜드 영어(Southern Irish English), 북아일랜드 영어(Northern Irish English)로 나눌 수 있다. 북미 영어도 일반 미국 영어(General American English), 캐나다 영어(Canadian English), 뉴욕 시 영어(New York City English), 동북부 미국 영어(Northeastern American English), 서부 미국 영어(Western American English), 남부 미국 영어(Southern American English) 등의 방언으로 세분할 수 있다.

또한 지역적 차이에 따른 분류 외에 사회계층적 차이에 의해서도 영어 방언이 분류된다. 용인발음(Received Pronunciation, RP), 영국 런던 지역의 노동자들이 주로 사용하는 코크니 영어(Cockney English), 미국 남부 지방에서 흑인들이 주로 사용하는 아프리칸 아메리칸 영어(African American

4) 영어의 방언에 대해서는 이재영(1999), 이재영 · 노근영(2008) 등에서 많이 논의하였고, 이들 논문의 내용을 이 장에 많이 가져왔다.

5) 싱가포르 영어(Singaporean English), 필리핀 영어(Filipino English) 등이 극동 영어의 예가 될 수 있다.

English), 호주에서 상위 계층이 주로 사용하는 교양 호주 영어(Cultivated Australian English) 등이 이러한 방언에 속한다.

그 밖에도 독특한 언어학적 특징을 보여 주는 영어 방언이 많이 존재한다. 예를 들면 리버풀 영어(Liverpool English), 브래드포드 영어(Bradford English), 브리스톨 영어(Bristol English), 데본 영어(Devon English) 등을 들 수 있다.

이와 같은 방언 상황을 고려한다면, 영어를 하나의 균일한 성격을 가진 단일어로 규정하기는 매우 어려울 것이다. 오히려 여러 방언의 총합이라고 정의하는 것이 설득력을 얻을 것이다. 이러한 이유로 인해 사회언어학자들(sociolinguists)은 세계에 산재해 있는 영어를 칭할 때 비가산명사가 아닌 가산명사 Englishes라는 용어를 사용하기도 한다.[6)]

그리고 영어 방언 학자들에 따라 영어 방언을 달리 분류할 수도 있을 것이고, 이에 따라 영어를 달리 규정할 수도 있다. 이와 같은 이유로 인해 "영어란 무엇인가?"라는 질문에 대해 즉각적으로 답하기 어려운 것이다. 다만 영어는 여러 요인에 의해 다양하게 분류할 수 있는 방언들의 총합이라는 점만을 동의할 수 있을 것이다.

지금까지 영어가 다양성을 가진 역동적 언어라는 점을 살펴보았다. 그리고 이 논의를 통해 영어를 언어분석의 자료로 다룰 경우 당연히 여러 영어 방언을 살펴봐야 할 필요성이 있다는 점이 분명히 드러났다. 따라서 영어음운론의 경우 여러 영어 방언에서 보이는 음운현상을 분석해야 하는 것은 자연스럽고 또한 당연하다. 물론 영어 방언의 음운현상을 모두 살펴본다는 것은 현실적으로 불가능할 것이다. 가능한 범위 내에서 최대한 많은 영어 방언을 조사하고, 거기서 발견되는 음운현상을 풍부하게 기술하는 것은 총체적 영어음운론 이해를 위해 필요한 작업임이 분명하다.

6) 이 용어를 사용하는 대표적인 학자는 인도 출신 미국 사회언어학자 B. Kachru다. Kachru 교수의 영어 분류에 대한 자세한 논의는 김종현(2009)을 참조하기 바란다.

제2장

영어의 자음과 모음

기본적으로 이 책은 영어의 말소리(speech sound)에 관한 연구서다. 따라서 영어의 말소리, 즉 자음과 모음에 관해 우선 살펴볼 필요가 있다. 영어의 자음과 모음의 발성과 자세한 분류에 대해서는 기존의 언어학 개론서나 영어음운론 개론서를 참조하기 바란다.[1)] 이 책은 또한 영어음성학에 대한 자세한 소개를 주목적으로 하지 않는다. 따라서 설명의 수준이 매우 낮고, 피상적이라는 느낌을 줄 수 있을 것임을 미리 밝혀 둔다. 이 장에서 논의하는 대부분은 필자의 기존 연구에 크게 의존하고 있다. 그중 특히 Lee(1996)와 이재영(2001)의 논의를 주로 따르도록 하겠다.[2)]

1) 언어학 개론서로는 김종현(2009)이 영어의 자음과 모음의 발성, 분류에 대해 잘 기술하고 있고, 영어음운론 개론서로는 Carr(1999), McMahon(2002) 등이 영어의 말소리에 대해 잘 설명하고 있다.

2) 인용부호 없이 Lee(1996)와 이재영(2001)의 주장을 따르고 인용하고 있다는 사실을 미리 밝혀 둔다.

2.1 영어의 자음과 모음

사람은 여러 가지 소리를 낼 수 있다. 그 가운데 다른 사람과 의사소통을 위해 의도적으로 내는 소리를 말소리 또는 음성(音聲)이라고 한다. 따라서 말소리를 낸다는 것은 허파(lungs)로부터 시작되는 공기의 흐름(airstream)을 적절하게, 의도적으로 변형시킨다는 것을 뜻한다(Ladefoged, 1993). 허파로부터 시작된 공기는 인강(pharyngeal cavity), 구강(oral cavity), 그리고 비강(nasal cavity) 등 세 개의 통로(cavity)를 거쳐 사람의 몸 밖으로 나온다.

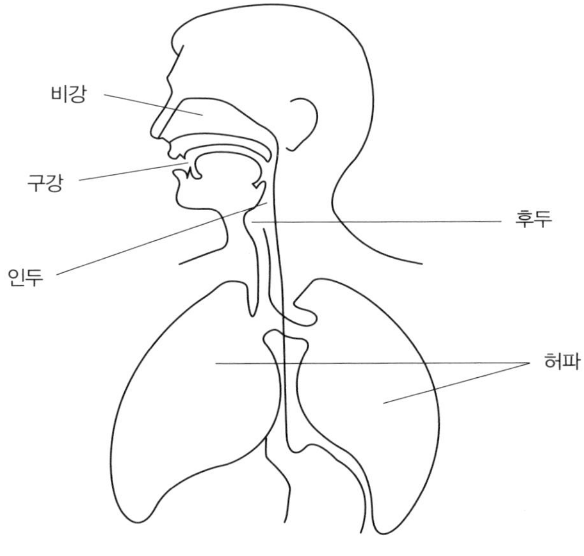

그림 2.1 성도(Vocal tract)

사람은 그 공기의 흐름을 의도적으로 변형할 수 있는데, 이때 사용되는 기관을 조음기관(articulator)이라고 부른다. 말소리(speech sound)를 내기 위해 동원되는 조음기관은 여섯 개다.

1. 성대(vocal cords/folds)
2. 설근(tongue root)
3. 설체(tongue body)
4. 설단(tongue blade)
5. 입술(lips)
6. 연구개(soft palate)

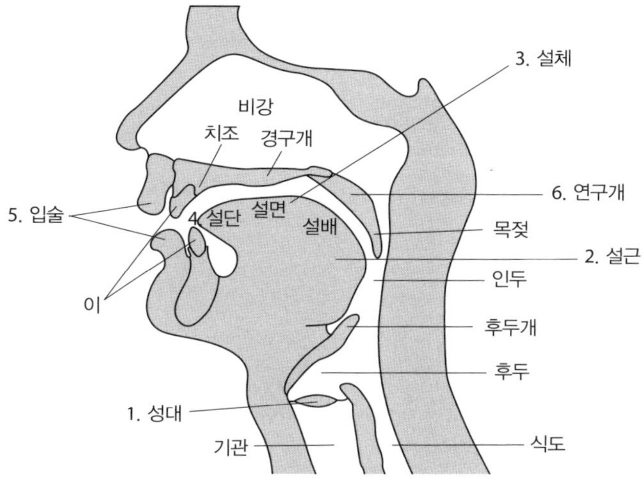

그림 2.2 조음기관들(Articulators)

이 조음기관들의 활동에 따라 여러 종류의 말소리가 만들어진다. 각 조음기관과 연결되는 영어의 말소리를 살펴보도록 하자.

첫째, 성대(vocal cord)의 움직임에 따라 음의 색깔이 달라진다. 성대가 울림상태에 있으면 유성음(voiced sound)이 만들어지고, 그렇지 않으면 무성음(voiceless sound)이 만들어진다.

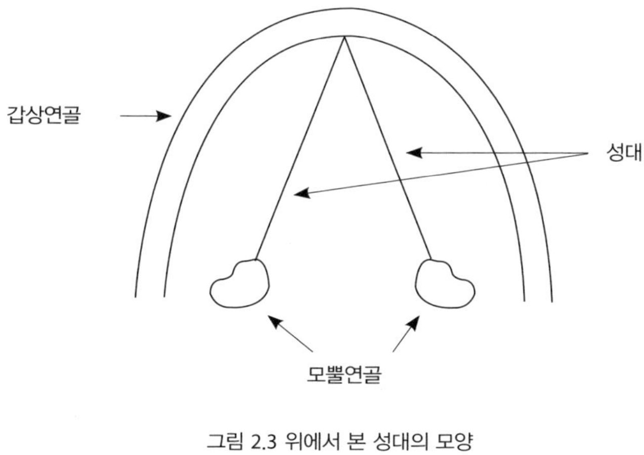

그림 2.3 위에서 본 성대의 모양

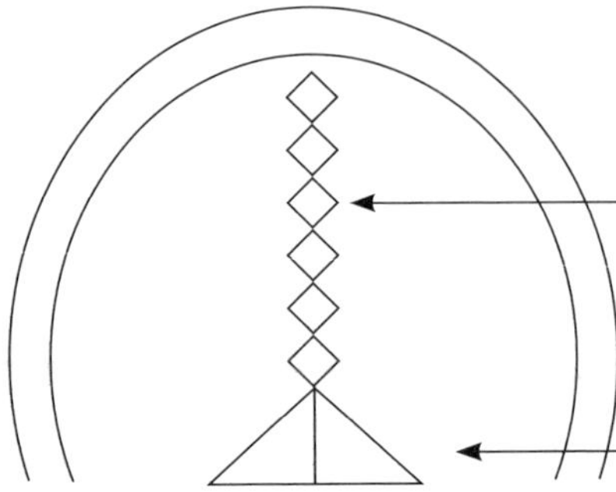

그림 2.4 유성음의 조음

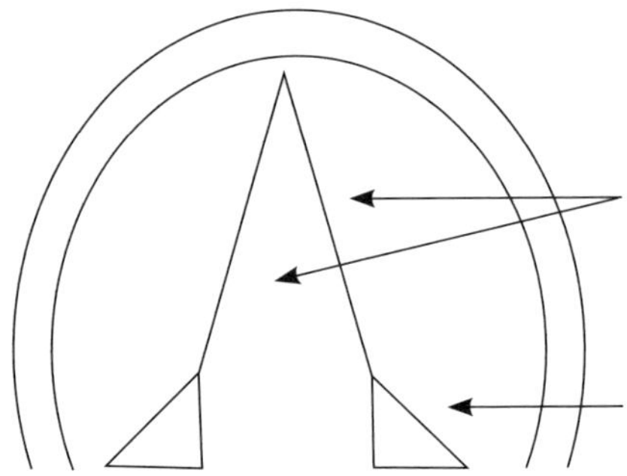

그림 2.5 무성음의 조음

2.1.1

a. 유성음: b, d, g, v, ð, z, ʒ, ʤ, ɦ[3)]

(bye, dye, guy, vet, they, zoo, measure, judge, ahead)

b. 무성음: p, t, k, f, θ, s, ʃ, ʧ, h

(pie, tie, kite, fine, thank, sea, sheep, church, height)

자음의 경우에는 조음기관인 성대의 울림상태에 따라 유성음과 무성음으로 구별되는데, 모음을 발화할 때는 기본적으로 성대가 울리게 된다.

3) 예를 들면 *go ahead*에서 h가 유성음으로 발음된다.

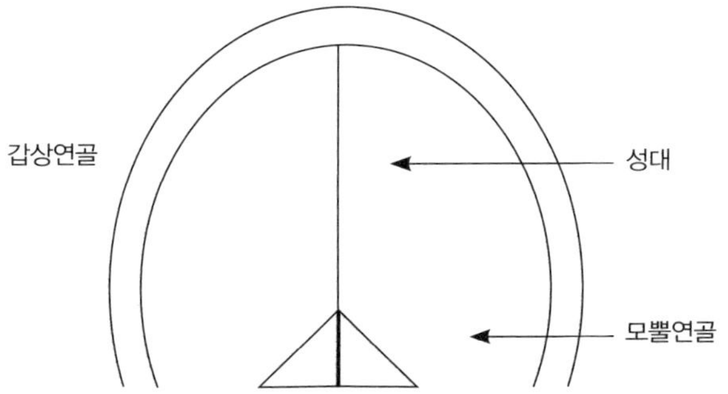

그림 2.6 성문폐쇄음의 조음

따라서 모음은 자연적인 상태에서 발화할 때 유성음이 되므로 성대의 울림상태 여부로 모음을 세분화하지는 않는다.

성대의 울림상태 이외에 성대의 닫힘 정도에 따라 다른 음이 발생한다. 성대가 완전히 닫힌 상태에서 만들어지는 소리가 성문폐쇄음(glottal stop)이고, 성대가 열린 상태에서 공기의 마찰이 생길 때 만들어지는 소리가 성문마찰음(glottal fricative)이다.

2.1.2

a. 성문폐쇄음: ʔ (bo<u>tt</u>le: 코크니 영어)

b. 성문마찰음: h (<u>**h**</u>eight)

성문폐쇄음과 성문마찰음은 일반적으로 무성음이다. 그런데 성문마찰음은 두 개의 모음 사이에서는 유성음이 될 수도 있다.

구강의 조음기관이 일차적으로 움직이고 성대가 부차적으로 움직여서 만들어지는 말소리가 영어의 성문화된(glottalized) 폐쇄음(stop)과 기식음(aspirate)이다.

2.1.3

a. 성문화된 폐쇄음: $p^{ʔ}$, $t^{ʔ}$, $k^{ʔ}$ (po<u>**p**</u>, se<u>**t**</u>, coo<u>**k**</u>)

b. 기식음: p^{h}, t^{h}, k^{h} (<u>**p**</u>ie, <u>**t**</u>ie, <u>**k**</u>ite)

둘째, 설근(tongue root)도 중요한 조음기관이다. 설근의 움직임에 따라 영어의 이완모음(lax vowel)과 긴장모음(tense vowel)이 생성된다.

2.1.4

a. 이완모음: ɪ, ɛ, ʊ, ɔ, æ, a, ɑ, ɒ, ɤ, ɝ, ə

b. 긴장모음: i, e, u, o, ʌ

이완모음은 설근이 인강 쪽으로 많이 이동하는 경우에 만들어지고, 긴장모음은 설근이 앞쪽으로 움직일 때 만들어진다.

셋째, 설체(tongue body)도 영어의 말소리를 만들어 내는 데 중요한 역할을 한다. 설체는 가상적으로 두 개의 부분, 즉 전설(前舌)과 후설(後舌)로 나눌 수 있다. 전설이 움직일 때 만들어지는 소리가 전설모음(front vowel)이고, 후설이 움직일 때 만들어지는 소리가 후설모음(back vowel)이다.

2.1.5

a. 전설이 조음기관일 때

  전설모음 i, e, ɛ, a

b. 후설이 조음기관일 때

  후설모음 u, o, ɔ, ɑ

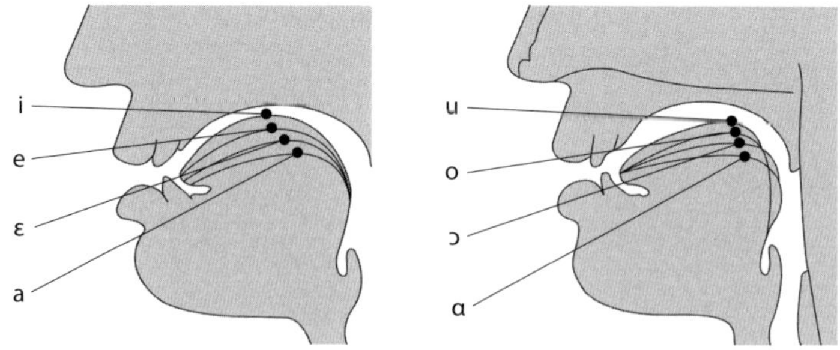

그림 2.7 전설모음과 후설모음의 조음

전설과 후설 사이 경계 부분의 움직임에 의해 생성되는 소리를 중설모음(central vowel)이라고 한다.

2.1.6

중설모음 ɨ, ʌ, ə[4)]

모음 이외에 전이음(glide)과 자음을 생성할 때에도 설체가 작용한다. 설체의 앞부분, 즉 전설이 움직일 때 만들어지는 전이음이 [y]이고, 후설이 움직일 때 나타나는 전이음이 [w]이다. 용어 자체가 보다 분명한 의미를 갖게 하기 위해 이 두 전이음을 각각 전설 전이음과 후설 전이음이라고 부르기도 한다.

2.1.7

a. 전설 전이음 y

b. 후설 전이음 w

자음도 설체의 움직임에 의해 만들어진다. 설체의 뒷부분이 입천장에 가까이 접근할 때 만들어지는 음을 연구개음(velar)이라고 한다.

2.1.8

연구개음 k, g, ŋ, x[5)]

넷째, 혀의 끝부분이 공기의 흐름을 변형시킬 때 만들어지는 소리로는 치음(dental), 치경음(alveolar), 구개치경음(palato-alveolar), 구개음(palatal) 등이 있다.[6)]

4) 음운론 학자들은 중설모음 대신 비원순 후설모음이라고 분류하기도 한다. 중설모음에서의 긴장모음 대 이완모음에 대한 자세한 논의는 이재영 · 노근영(2008)을 참조하기 바란다.

5) 스코틀랜드 영어의 lo<u>ch</u>에서 이 발음을 확인할 수 있다.

6) 혀의 끝부분을 설단(tongue blade)과 설첨(tongue tip) 두 부분으로 세분할 수도 있다. 설단은 좀 더 넓은 부분이고, 설첨은 혀의 끝점을 가리킨다.

2.1.9

a. 치음: θ, ð

b. 치경음: t, d, s, z, n, l, ɹ, ɾ

c. 구개치경음: ʃ, ʒ, ʧ, ʤ[7)]

d. 구개음: ɲ, ʎ[8)]

다섯째, 입술이 둥글게 모이거나 그렇지 않거나에 따라 여러 가지 말소리가 만들어진다. 이때의 소리를 순음(labial)이라고 한다. 자음일 경우에는 입술이 둥글어지는 것으로 충분하지만, 모음이나 전이음일 경우에는 입술이 둥글어짐과 동시에 입술이 약간 전진하게 된다. 이러한 모음과 전이음을 각각 원순모음(round vowel)과 원순전이음이라고 한다.[9)]

2.1.10

a. 순음: p, b, f, v, m

b. 원순모음: u, ʊ, o, ɔ, ɒ

c. 원순전이음: w

마지막으로, 연구개(velum)가 상승 또는 하강함에 따라 공기의 흐름이 변한다. 연구개가 하강할 때는 공기가 비강을 통해 몸 밖으로 빠져나오는 반면, 연구개가 상승할 때는 공기가 구강으로 빠져나온다. 전자의 경우에 생성되는 소리가 비음(nasal)이고, 후자의 경우에 생성되는 소리가 구강음(oral sound)이다.

2.1.11

a. 비음: m, ɱ, n, ɳ, ɲ, ŋ

b. 구강음: p, b, f, v, θ, ð, s, z, t, d, ʃ, ʒ, ʧ, ʤ, ʎ, k, g, x, l, ɹ

7) 뒤에 언급되는 영어의 구개음화 현상에서 구개음은 구개치경음을 주로 지칭한다.

8) onion, billion 등에서 구개음이 나타난다.

9) 일반적으로 자음은 순음이라고 하고, 모음과 전이음은 원순음이라고 한다. 이 책에서도 이 관례를 따르기로 한다.

조음기관의 작동과 영어의 말소리 생성에 대해서 지금까지 살펴본 바를 요약해 보자. 우선 자음부터 정리해 본다.[10)]

2.1.12

영어의 자음

		순음 Labial	순치음 Labio-dental	치음 Dental	치경음 Alveolar	구개치경음 Palatoalveolar	구개음 Palatal	연구개음 Velar	성문음 Glottal
폐쇄음 Plosive	무성음	p			t			k	ʔ
	유성음	b			d			g	
비음 Nasal	유성음	m			n		ɲ	ŋ	
마찰음 Fricative	무성음		f	θ	s	ʃ		x	h
	유성음		v	ð	z	ʒ			ɦ
파찰음 Affricate	무성음					ʧ			
	유성음					ʤ			
전이음 Glide	유성음	w					y	(w)	
유음 Liquid / **설측음 Lateral**	**유성음**				l		ʎ[11)]		
유음 Liquid / **권설음 Retroflex**	**유성음**				ɹ				
탄설음 **Flap**	**유성음**				ɾ				

앞에서 언급하지 않은 음으로서 도표에 포함된 것은 유음과 탄설음이다. 유음과 탄설음은 조음기관의 작동을 중심으로 기술된 용어가 아니다. 인상적 음성학 용어라고 표현하는 것이 좋을 것이다. 유음인 l과 ɹ은 각각 설측음과 권설음으로 구별된다. 이 두 음은 자연적 상태에서 발화될 때 성대가 울린다. 따라서 둘 다 유성음이다.

10) 도표 〈2.1.12〉에서 굵은 글자로 표시된 부분은 위에서 언급하지 않은 음이지만, 쉽게 이해할 수 있는 것이라 여기에 포함시키도록 한다.

2.1.13

유음(Liquid)

a. 설측음(little)

b. 권설음(riddle)

탄설음은 예를 들어 미국 영어에서 butter의 t가 음성적으로 구현될 때 나는 소리다. 다음으로, 영어의 모음을 요약 정리하면 다음과 같다. 위에서 언급하지 않은 모음 중에 아래 도표에 포함된 것은 ɨ 와 ɝ, ɚ 등이다.

2.1.14

영어의 모음

		전설(Front)	중설(Central)	후설(Back)	
		비원순 (Unround)	비원순 (Unround)	비원순 (Unround)	원순 (Round)
고(High)	긴장(Tense)	i	ɨ		u
	이완(Lax)	ɪ			ʊ
중(Mid)	긴장	e	ʌ	ɚ	o
	이완	ɛ	ə ɝ		ɔ
저(Low)	이완	æ		ɑ	ɒ
		a			

영어의 자음과 모음은 사람이 조음기관을 통해 만들어 낼 수 있는 말소리의 일부다. 영어의 자음과 모음을 연구함으로써 사람 말소리의 일정 부분을 이해할 수 있을 것이다. 부족하지만, 지금까지 살펴본 영어의 자음 및 모음의 생성과 조음기관의 작동에 대한 내용이 사람의 말소리에 대한 이해에 도움이 될 수 있을 것이다.

11) 일반 미국 영어(General American English)에서 billion이 구개설측음으로 발음된다(Wells, 1982).

2.2 음성학(Phonetics)과 음운론(Phonology)[12)]

의사소통을 위해 사람들은 여러 가지 수단을 이용할 수 있다. 몸짓이나 신호 또는 연기를 통해서 의사소통을 할 수도 있다. 하지만 여러 방법 중에서 가장 효과적인 것이 음성기관을 통해 만들어 내는 말소리다. 말소리는 변별력이 뛰어나며, 규칙적이고, 예측 가능하며, 대부분의 사람이 낼 수 있고 또한 들을 수 있다. 따라서 사람들은 음성기관을 통해 만들어 내는 말소리를 가장 주된 의사소통 수단으로 사용한다.[13)] 이러한 말소리에 대한 연구는 언어를 연구하는 학문분야인 언어학(linguistics)의 가장 기본적인 세부 분야라고 할 수 있다.

음성학은 말소리가 어떻게 만들어져 입 밖으로 나오고, 입 밖으로 나온 말소리가 청자(hearer)의 귀에까지 어떻게 전달되며, 또한 그 전달된 소리를 어떻게 청자가 이해하는지에 대해서 관심을 둔다. 말소리가 어떻게 만들어져 입 밖으로 나오는가를 주로 연구하는 분야를 조음 음성학(articulatory phonetics)이라고 한다. 입 밖으로 나온 소리는 음파(sound wave)의 형태로 청자의 귀에 전달되는데, 이 음파가 청자의 귀로 전달되는 과정과 음파의 여러 양상을 다루는 것이 음향 음성학(acoustic phonetics 또는 acoustics)이다. 그리고 음파가 청자의 귀에서 뇌로 전달되어 이해되는 과정을 연구하는 것이 청각 음성학(auditory phonetics)이다. 암호를 생성하고 해독하는 과정에 비유하면, 청자가 말소리를 이해하는 국면을 해독과정(decoding)이라고 할 수 있고, 이에 반해 화자가 말소리를 만드는 국면을 암호화과정(encoding)이라고 할 수 있다.

이처럼 음성학은 말소리에 관련된 실제적인 것을 다루는 분야라고 말할 수 있다. 음성학이 다루는 말소리는 사람의 소통수단으로 사용되는 것이다. 즉, 사람과 사람 간의 관계 속에서 의미 있는 것이지 말소리 그 자체

12) 〈2.2〉의 대부분은 이재영(2001)에서 직접 인용한 것임을 밝혀 둔다.

13) 물론 수화나 점자도 상당히 효과적인 의사소통 방법이지만, 가장 보편적인 소통수단이라고 말하기는 어려울 것이다. 따라서 여기서는 수화나 점자에 대해서는 편의상 논의하지 않기로 한다.

만으로 의미 있다고 할 수는 없다. 이런 측면에서 음성학은 언어학의 다른 분야들과 관련 속에서 그 중요성과 의미가 있다. 그중 가장 직접적으로 관련 있는 학문분야는 음운론(phonology)이다. 음성학이 소리의 물리적(physical)인 측면을 정확히 기술하고, 세밀히 분류하는 데 초점을 두는 데 반해, 음운론은 소리의 체계(system)와 기능(function)에 대해 연구하는 학문분야다. 음성학에서는 말소리를 연구할 때 그 말소리가 가지는 맥락적(context) 의미나 기능에 대해서는 별 관심이 없다. 이에 반해 음운론은 전체적인 체계에서 각 음이 차지하는 역할이나 기능, 그리고 다른 음과의 관계에 대해서 연구, 기술한다. 몇 가지 예를 통해 음운론에 대한 이해를 확장해 보자.

영어에서 [d]와 [ð]는 의미(meaning)의 차이를 가져오는 말소리인 데 반해 스페인어에서 이 두 소리는 의미의 차이를 가져오지 못한다. 의미의 차이를 가져오는 말소리를 음소(phoneme)라고 지칭하고, 하나의 음소에 소속되면서 물리적인 차이만 보이는 소리를 이음(allophone)이라고 한다. 따라서 영어에서 [d]와 [ð]는 각각 음소이지만, 스페인어에서 이 두 소리는 하나의 음소에 속하는 이음들이다.[14)]

음소와 이음의 차이를 좀 더 쉽게 설명해 보자. 영어의 두 단어 den과 then은 의미에 있어서 구별된다. 이 두 단어의 의미 차이는 어디에서 연유할까? 다름 아닌 [d]와 [ð]의 차이로부터 온다. 따라서 영어에서 [d]와 [ð]는 각각 음소의 역할을 하는 것이다. 하지만 스페인어에서는 [d]ame 'lady'와 la [ð]ame 'the lady'에서 알 수 있는 바와 같이, 동일한 단어 dame의 d는 어두의 위치에 있을 때는 [d]로 발음이 되고, 정관사 la와 결합해서 모음과 모음 사이의 위치에 올 때에는 [ð]로 발음이 된다. 여기서 이 두 음의 차이가 의미의 차이를 일으키지는 않는다. 즉, dame의 의미에는 변화가 없다. 이를 통해 스페인어에서는 [d]와 [ð]가 의미 차이를 가져오지 않는 소리, 즉 이음이라는 것을 확인할 수 있다.

두 말소리 [d]와 [ð]가 어떻게 발음되고 어떤 모습으로 구현되는가

14) 음소와 이음의 개념에 대한 논의는 뒤에 더 자세히 하도록 한다.

하는 것을 중시하는 음성학에서는 이 두 음을 각각 독립된 음이라고 간주한다. 물리적인 측면에서는 [d]와 [ð] 사이의 차이는 영어와 스페인어 두 언어 모두에서 똑같다. 하지만 음의 맥락적 의미나 기능적인 측면, 즉 음운론적 측면에서는 영어에서의 [d]와 [ð] 간 차이와 스페인어에서의 [d]와 [ð] 간 차이가 전자에서는 음소 차이로 간주되고, 후자에서는 이음 차이로 간주된다.

음소와 이음은 음운론에서 가정하는 개념 중에 가장 기초적이며 중요한 것에 속한다. 단어 top에서 가장 먼저 나오는 음인 /t/를 순음(labial)인 /p/로 대체하면 전체 단어의 의미가 달라진다.

2.2.1

t	o	p	대	p	o	p

이때 이 두 단어는 최소 대립(minimal opposition)을 보인다. 이렇게 최소 대립을 보이는 단어들을 최소 대립어(minimal pair)라고 한다. 그리고 최소 대립어를 가능하게 하는 분절음을 음소(phoneme)라고 칭한다. 이러한 의미에서 음소는 자체적으로는 의미가 없지만, 단어의 의미 차이를 야기할 수 있는 최소 단위(minimal unit)다.

이러한 의미 차이를 가져오는 분절음, 즉 음소는 그 음의 주변 환경에 따라 여러 개의 변이음(variants)으로 구현될 수 있는데, 이 변이음을 이음(allophone)이라고 한다. 예컨대 성대의 울림이 없는 동시에 설단이 치경(alveolar ridge)에 닿으며 공기의 흐름이 변하게 되어 나는 소리인 무성 치경폐쇄음(voiceless alveolar stop)인 /t/는 top에서처럼 단어의 맨 앞에 올 때는 기식음(aspirate)이 되고, cot에서처럼 단어의 맨 뒤에 위치하면 성문화된 음(glottalized sound)이 된다:[15] $[t^h]$op과 co$[t^ʔ]$.

기식음은 촛불을 끌 때처럼 공기를 갑자기 내뱉을 때와 같은 공기 흐

15) 일반적으로, 음성학이나 음운론 관련 책이나 논문에서는 음소를 '/ /'로 표시하고 음소에 대한 변이음을 나타낼 때는 '[ ]'로 표시한다.

름을 동반하는 소리를 지칭하며, 성문음(glottal)은 무거운 물건을 들어 올릴 때 순간적으로 힘을 주었다가 풀 때 이용되는 공기 흐름이 수반되는 소리다. 또한 환경에 따라서 /t/음이 기식음이나 성문음이 아닌 탄설음(flap) [ɾ] (또는 [D]로 표기)로 구현되기도 한다: wri[ɾ]er(writer).

하나의 음소에 대한 변이음들은 동일한 환경에서 동시에 구현될 수 있는 것이 아니라, 각기 다른 환경에서 나타난다. 예를 들어 탄설음은 강세가 있는 모음과 강세가 없는 모음 사이에서만 발음되고, 기식음은 단어의 맨 앞에서만 구현된다. 그리고 성문음은 단어 말(word-final)에서만 나타난다. 이렇듯 변이음들이 각기 다른 환경에서 분포되므로 상보적 분포(complementary distribution)를 보인다고 말한다. 이러한 변이음들은 공통적인 음소가 구현되는 것이기 때문에 단어의 의미 차이를 일으키지 않는다. 즉, 변별적 자질(distinctive feature)을 가지지 않는다.

음소와 이음을 구별하기 위해서는 추상적인 층위와 구체적인 층위를 상정할 필요가 있다. 사람의 경우를 예로 들어 보자. 한 사람이 계절에 따라 옷을 달리 입을 수 있다. 물론 입은 옷이 달라짐에 따라 그 사람에게서 나오는 느낌이 다를 수 있다. 이 경우, 즉 계절에 따라 달리 옷을 입은 경우 이 사람을 동일인이라고 말하면서 동시에 이 사람이 여러 가지 느낌을 소유하고 있다고 말할 수 있을 것이다. 말소리도 마찬가지다. 하나의 음이 환경에 따라 달리 나타날 수 있는데, 이 음을 어떻게 정의할까?

예를 들어 pet에 등장하는 p는 [p^h]로 발음되고, tap에 나오는 p는 [$p^ʔ$]로 발음된다. 이렇게 달리 발음되는 음들이 동일한 것일까 다른 것일까? 이 음들은 동일할 수도 있고 그렇지 않을 수도 있다. 이 경우 역설적 상황, 즉 충돌적 상황이 발생한다. 이러한 문제는 추상적인 표상 층위와 구체적인 표상 층위를 상정함으로써 해결할 수 있을 것이다. 추상적인 표상 층위를 기저표상(underlying representation)이라고 하고, 구체적인 표상 층위를 표면표상(surface representation)이라고 한다. 단어 pet와 tap의 "p"는 기저표상에서는 하나의 음, 즉 /p/이지만, 이것이 표면표상에서는 환경에 따라 각각 [p^h]와 [$p^ʔ$]로 달리 구현된다.

표상 층위의 이슈와 아울러 변별적 자질에 대한 논의도 음운론의 중요한 관심사다. 어떠한 자질이 변별적인가에 대한 논의는 음운이론의 핵심 중 하나다. 변별적 자질에 대한 본격적, 체계적인 연구는 Chomsky & Halle(1968)에서부터 시작되었다.

Chomsky & Halle가 제안한 변별적 자질의 예를 살펴보면 아래와 같다.

2.2.2

Chomsky & Halle의 변별적 자질

The Distinctive Feature Composition of Some English Segments

	i	u	e	a	i	w	r	l	p	t	d	θ	ð	n	s	z	ʃ	k	h
Syllabic	+	+	+	+	+	−	−	−	−	−	−	−	−	−	−	−	−	−	−
Consonantal	−	−	−	−	−	−	+	+	+	+	+	+	+	+	+	+	+	+	−
High	+	+	−	−	+	+	−	−	−	−	−	−	−	−	−	−	−	+	−
Back	−	+	−	+	−	+	−	−	−	−	−	−	−	−	−	−	−	+	−
Low	−	−	−	+	−	−	−	−	−	−	−	−	−	−	−	−	−	−	+
Anterior	−	−	−	−	−	−	−	+	+	+	+	+	+	+	+	+	−	−	−
Coronal	−	−	−	−	−	−	+	+	−	+	+	+	+	+	+	+	+	−	−
Round	−	−	−	−	−	+													
Tense	+	+	+	+	−	−													
Voice							+	+	−	−	+	−	+	+	−	+	−	−	−
Continuant							+	+	−	−	−	+	+	−	+	+	+	−	+
Nasal							−	−	−	−	−	−	−	+	−	−	−	−	−
Strident							−	−	−	−	−	−	−	−	+	+	+	−	−
Lateral							−	+	−	−	−	−	−	−	−	−	−	−	−

그 이후 여러 음운론 학자들이 변별적 자질에 대한 제안을 하였다. 이에 대한 상세한 논의는 생략하도록 한다. 이 장에서 살펴본 조음기관과 관련된 변별적 자질을 간단히 정리하면 〈2.2.3〉과 같다.

2.2.3

a. 성대	[±voice]
b. 설근	ATR, RTR
c. 설체	Dorsal
d. 설전면	Coronal
e. 입술	Labial
f. 연구개	[±nasal]

또한 변별적 자질이 어떻게 구조화되는가도 중요한 음운론적 연구과제가 된다. 여기서는 더 자세한 논의는 하지 않기로 한다. 이 장의 초점은 음운론과 음성학이 어떠한 것을 연구하는 학문분야인가에 대해서 살펴보는 것이기 때문이다.

지금까지의 논의를 요약해 보면, 말소리를 체계적으로 연구하는 언어학 분야가 음성학과 음운론이다. 음성학은 말소리의 구체적 모습을 포착하는 데 초점을 맞추고, 음운론은 말소리의 추상적 측면에 천착하는 학문분야다. 따라서 음성학과 음운론은 말소리를 연구한다는 공통점이 있지만, 그 연구 초점이 다르다는 차이점이 있다. 이 두 학문분야는 상호 보완적 관계에 있다. 음성학적 지식이 없다면 음운론 연구는 불가능하며, 음운론 연구가 없다면 음성학적 기술은 그 의미를 상실하게 된다.

제3장

영어 강세

3.1 영어에서의 강세: 변별적 자질[1)]

강세(stress)는 영어에서 변별적 기능을 한다. 예를 들어 billow와 below는 강세의 위치만 다를 뿐 분절음에는 차이가 없다.[2)]

3.1.1

billow 대 below

전자는 첫째 음절(syllable)에 강세가 있고, 후자는 둘째 음절에 강세가 있다. 따라서 이 두 단어의 의미 차이는 강세의 차이에 의해 나온다고 말할 수밖에 없다.

음절은 분절음의 묶음으로서 하나의 음운단위(phonological unit)의 역

1) 이 절의 많은 부분은 필자의 기존 연구에서 인용한 것이다. 특히 이재영(2001)에서 많이 가져왔다.

2) 철자와 발음을 구별할 필요가 있는데, 말소리를 연구하는 음성학과 음운론에서는 발음에 초점을 둔다. 영어는 철자와 발음이 다른 것으로 유명하다. 영어에 있어서 철자는 발음의 역사성을 반영하기는 하지만, 현대영어의 발음 자체를 나타내는 것은 아니다.

할을 한다. 단어 happy는 두 개의 음절, hop은 하나의 음절로 구성되어 있다. 음운론 개론서나 음운론 연구논문에서 음절을 나타내는 기호로 여러 가지가 사용되는데, 시그마(σ)나 마침표(.) 등이 여기에 속한다. 음절은 분절음들의 묶음으로서 두음(onset), 핵음(nucleus), 그리고 말음(coda)으로 구성된다. 핵음과 말음은 라임(rime)을 형성한다.

3.1.2

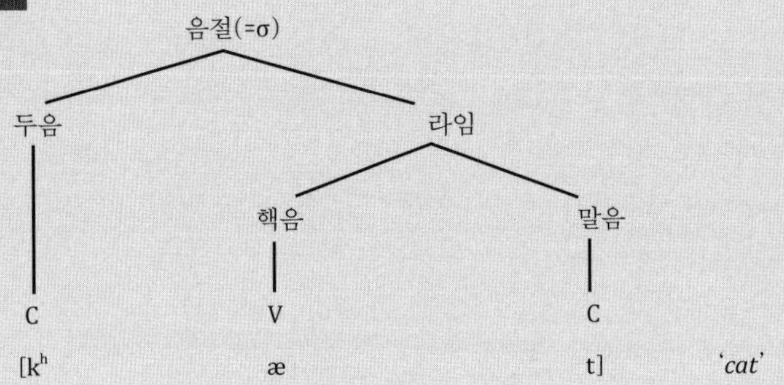

음절은 무게(weight)에 따라 경음절(light syllable)과 중음절(heavy syllable)로 나눈다. 경음절은 단모음(short vowel)을 핵음으로 가지면서 말음을 갖지 않는 음절을 말하고(예: the, a), 중음절은 sea처럼 중모음을 핵음으로 가지거나, 아니면 cat처럼 단모음을 핵음으로 가지면서 동시에 말음을 갖는 음절을 말한다. 음절의 무게를 나타낼 때는 모라(mora)라는 용어를 사용한다. 경음절은 하나의 모라를, 중음절은 두 개의 모라를 갖는다. 다시 영어 강세에 대한 논의로 돌아가자.

강세가 영어에서 변별적 기능을 한다는 것은 강세의 위치에 따라 문법 범주(grammatical category)가 달라진다는 것을 통해서도 알 수 있다. 예를 들면 첫째 음절에 강세가 오는 áb.stract, pér.vert, cón.vict 등은 명사(noun)인 반면, 둘째 음절에 강세가 오는 ab.strráct, per.vért, con.víct 등은 동사(verb)다. 여기서 '.'는 음절 경계(boundary)를 나타낸다.

3.1.3

a. áb.stract (명사)	ab.stráct (동사)
b. pér.vert (명사)	per.vért (동사)
c. cón.vict (명사)	con.víct (동사)

동일한 분절음(segment)으로 구성된 단어일지라도 명사의 경우에는 강세가 첫째 음절에 오고, 동사의 경우에는 어말 음절에 강세가 나타난다. 따라서 강세가 영어에서 변별적인 자질이라고 할 수 있다.

한국인 영어 학습자가 겪는 영어 발음에 대한 문제를 해결하고자 할 때에는 먼저, 왜 한국인 학습자에게 영어 발음의 문제가 생기는지 의문을 가질 수 있다. 이러한 의문에 우선적으로 대답할 수 있는 것은 강세가 영어에서는 중요한 변별 자질인 데 반해 한국어에서는 그렇지 않다는 것이다. 위 〈3.1.3〉에 보이는 강세 차이에 의한 의미와 문법 범주의 차이를 한국인 영어 학습자는 잘 구별할 수 없고, 그 차이를 제대로 발화하지 못한다. 이는 영어 원어민과의 대화에서 예기치 않은 오해를 불러일으킬 수 있는 것이다. 따라서 한국인 영어 학습자가 영어 발음을 잘 할 수 있으려면 당연히 영어 강세에 대한 이해와 습득이 따라야 한다는 논리가 가능하다.

하지만 영어 강세에 대한 이해와 습득은 단순한 암기로써 해결될 문제가 아니다. 영어의 기본 음절구조(syllable structure)가 어떠한 것이며, 음절구조와 강세가 어떠한 관련성이 있으며, 강세와 음절구조가 영어의 다양한 음운현상에 어떠한 영향을 미치는가를 먼저 알아야 할 것이다. 따라서 영어 강세는 영어음운론의 다른 분야의 연구와 매우 밀접한 관계를 맺고 있다. 영어 강세에 대한 이해는 영어 음운현상의 전반적 이해와 직접적인 관련성이 있다. 이러한 이유로 영어 강세에 대한 연구는 Chomsky & Halle(1968) 이후 영어음운론 연구의 가장 중요한 연구분야가 되었다.

3.2 강세란 무엇인가?[3)]

강세를 가지는 음절이 그렇지 못한 음절보다 더 두드러진다는(salient) 느낌에 대해서는 대부분의 언어학자들이 동의한다. 하지만 강세를 음성학적으로 어떻게 규정할 것인지에 대해서는 학자들마다 견해가 다르다.

Ladefoged(1993: 250)는 “허파에서 나오는 공기의 양이 증대할 때 수반되는 소리의 크기(loudness) 증가”가 강세라고 규정하면서도, 강세의 가장 중요한 징표는 음조(pitch)라고 말한다. 강세가 있는 음절은 음조가 높은 반면 강세가 없는 음절은 음조가 낮다는 것이다.

이와는 달리 Halle(1964)는 강세란 “음절을 발음할 때에 주는 강도(intensity)”라고 규정한다. 일반적으로 말한다면 소리의 크기는 공기의 양과 관계되고, 공기의 양이 많으면 소리의 강도가 커지기 때문에 크기와 강도는 비례관계에 있다. 따라서 소리의 크기와 소리의 강도를 동일한 음성적 특징을 지칭하는 것으로 말할 수도 있다. 하지만 굳이 두 용어를 구별하자면 소리의 크기는 물리적 성격을 나타내는 것이고, 소리의 강도는 음향적 속성을 나타내는 것이다.

강세에 대해 Jones(1964)는 “어떤 음이나 음절을 발음할 때에 주는 힘”이라고 느슨하게 정의하고 있다. 또 강세를 소리의 길이(length)에 기반하여 규정하는 학자도 있는데, 장모음이 단모음보다 음향적 에너지가 더 강하기 때문에 장모음이 단모음보다 강세를 더 가진다고 Blevins(2004: 13)는 말하고 있다. 이와 같이 강세를 소리의 강도, 음조, 그리고 길이 등에 근거하여 음성학적으로 다양하게 규정할 수 있다. 그 때문에 어느 한 음성학적 기준으로 강세를 명쾌하게 규정하는 것은 매우 어렵고 언어학자들 간에 의견 일치를 보기는 더욱 어렵다.

강세에 대해, 음성학적으로는 단순하게 그리고 일치되게 규정하기는 어렵다 하더라도, 음운론적으로는 보다 단순하게 규정할 수 있다. 많은 음운론학자, 예컨대 Kenstowicz(1993)는 강세를 돋들림(prominence)을 나타

3) 이 절의 대부분은 인용부호 없이 이재영(2001)에서 가져왔다.

내는 추상적 개념으로 규정한다. 강세란 한 단어를 구성하는 음절들을 음보(foot)로 묶을 때 그 핵의 위치가 가지는 돋들림의 추상적 양상이라는 것이다. 따라서 음운론적 측면에서 본다면 강세에 대한 이해는 결국 음절이나 분절음이 가지는 절대적 크기가 아닌 음절 간의 관계에서 나타나는 상대적 돋들림을 포착하는 것을 의미한다.

여기서 잠시 강세와 자주 혼동되는 용어인 악센트에 대해서 살펴보기로 하자. 음운론학자들 중에서도 강세와 악센트를 동일한 것으로 오해하는 경우가 자주 있다. 그만큼 이 두 개념 간의 차이를 이해하는 것은 어렵다고 할 수 있다. 하지만 분명한 것은 이 두 개념이 동일하지 않다는 것이다. 한 언어가 강세 체계(stress system)를 보여 준다는 것은 그 언어의 각 단어가 여러 개의 돋들림을 가질 수 있다는 것을 의미하고, 악센트 체계(accent system)의 언어라는 것은 그 언어의 각 단어가 하나의 돋들림만을 가진다는 것을 의미한다. 영어는 강세 체계의 언어다. 따라서 한 단어 내에 여러 개의 돋들림을 가질 수 있다. 예를 들면 experimentation에서, 둘째 음절 pe-와 넷째 음절 ment- 그리고 다섯째 음절 ta-에 돋들림이 나타난다. 하지만 만약, 영어가 악센트 체계 언어라고 가정한다면, experimentation에서 다섯째 음절 ta-에서만 돋들림이 나타난다고 말해야 할 것이다. 악센트 체계 언어로는 Cairene Arabic을 예로 들 수 있다. 또한 음보의 역할도 강세 체계의 언어와 악센트 체계 언어에서 다를 수 있다. 강세 체계에서 음보는 강세의 존재를 의미한다. 하지만 악센트 체계에서는 음보가 돋들림을 설명하는 데 필요한 것은 틀림없지만, 음보가 있다는 것이 곧 돋들림이 있다는 것을 의미하지는 않는다.

음운론에서 강세는 단어 내의 음절들이 강약의 관계를 나타내고 이 관계를 음보로 형식화한 결과라고 본다. 이런 관점에서 보면 강세에 대한 이해는 결국 음보가 어떻게 형성되는가를 이해하는 것으로 귀결된다.

3.3 영어의 음보 형성[4)]

두 개의 음절이 하나의 음보를 형성할 수도 있고, 두 개의 모라가 하나의 음보를 형성할 수도 있다. Hayes(1995)에 따르면 가장 무표적인 영어 음보는 두 개의 모라로 구성된 것이다. 따라서 중음절은 그 자체로서 두 개의 모라로 구성되어 있으므로 하나의 음보가 될 수 있으나, 경음절은 하나의 모라만을 가지므로 음절이 두 개가 있어야 하나의 음보를 구성할 수 있다. 또한 영어 명사의 음절을 순서 매길 때에는 보통 어말로부터 시작하고, 끝 음절은 음보에 포함하지 않는다. 그 결과 영어에서 (강 약), 즉 trochee를 기본 음보로 가지게 되는 것이다.[5)]

〈3.3.1〉의 예를 통해 위의 논의를 확인해 보자. 음보는 '( )'로, 음절은 '.'로 나타낸다. σ^L과 σ^H는 각각 경음절과 중음절을 뜻한다. 가장 끝 음절은 음보 형성 시에 제외되고, 두 개의 모라가 하나의 음보를 이룬다. 음보의 왼쪽 구성원이 오른쪽보다 더 강하다.

3.3.1

a. mo.(no.po.) ly

σ_4 $(\sigma_3{}^L$ $\sigma_2{}^L)$ $\langle\sigma_1\rangle$ #

| | | |

mo no po ly

CV CV

b. ve.(ran.)da

σ_3 $(\sigma_2{}^H)$ $\langle\sigma_1\rangle$ #

| | |

ve ran da

CVC

c. to.(ma.)to

σ_3 $(\sigma_2{}^H)$ $\langle\sigma_1\rangle$ #

| | |

to ma: to

CVV

4) 이 절은 이재영(2001)을 인용부호 없이 그대로 발췌했음을 밝혀 둔다.

5) 이재영(2001)의 일부분을 인용부호 없이 발췌했음을 밝혀 둔다.

이상으로 살펴본 영어 강세는 단어에 국한된 것이었다. 그러나 문장을 발음할 때에도 강세는 있다. 이러한 문장 강세에 대한 자세한 논의는 이재영(2001)을 참조하기 바란다.

3.4 영어 강세와 분절 음운현상

여기서는 강세와 연관성이 있는 음운현상을 몇 가지만 생각해 보기로 한다. 우선 기식음화(aspiration)를 살펴보자. 이 책 제2장에서 언급한 바와 같이 무성 폐쇄음(voiceless stop)이 기식음화의 적용대상이 되는데, 그 우선적인 음운환경은 음절의 두음에 무성 폐쇄음이 위치해야 하고, 또한 그 음절이 강세를 가져야 한다는 것이다.

3.4.1

a. mortálity

b. mórtal

위 〈3.4.1〉 단어들의 운율구조(metrical structure) 차이는 〈3.4.2〉에서 명백히 드러난다.

3.4.2

a. mor(tá.li)ty

b. (mór)tal

〈3.4.2a〉의 /t/는 기식음화를 겪고, 〈3.4.2b〉의 /t/는 기식음화를 겪지 않는다. 기식음화를 아래와 같은 예에서도 발견할 수 있다.

3.4.3

su**pp**ort, **c**apon, **t**rain

다음으로 탄설음화(flapping, tapping)도 강세와 연관성이 있다. 하지만 탄설음화는 기식음화와는 다르게 강세를 가지지 않는 음절에서 일어난다. 단어 atom[ǽɾəm]에서처럼 강세가 오지 않는 음절의 두음인 무성 파열음(voiceless plosive)은 탄설음이 된다. 이러한 탄설음화의 예는 아래와 같다.

3.4.4

bú<u>tt</u>er, cí<u>t</u>y, wrí<u>t</u>er

h~Ø 교체현상도 강세와 밀접한 관련이 있다. 아래서 보는 바와 같이 강세의 유무에 따라 자음 /h/가 발음되기도 하고, 탈락되기도 한다.

3.4.5

a. ve<u>**h**</u>icular

b. ve<u>**h**</u>icle

이 단어들의 운율구조는 아래서 보는 바와 같다.

3.4.6

a. ve(hí.cu)lar: /h/ 유지

b. (vé.hi)cle: /h/ 탈락

⟨3.4.6a⟩에서는 /h/가 음보의 강한 구성원에 속하기 때문에 탈락되지 않는 반면 ⟨3.4.5b⟩에서의 /h/는 약한 구성원에 속하기 때문에 탈락된다.

지금까지 자음 음운현상을 살펴보았는데, 모음 음운현상에서도 강세와 관련성이 있는 음운현상을 찾아볼 수 있다. 모음약화(vowel reduction) 현상이 그 대표적인 예가 된다. 강세가 있는 음절의 핵음 역할을 하는 모음은 원래의(underlying) 음가(value; quality)를 가지는 반면 강세가 없을 때는 약화된(reduced) 모음인 schwa가 된다.[6] 이렇게 모음은 강세가 있고 없음에 따라 교체현상(alternation)을 보인다. 예컨대 atom에서 첫째 음절의 모음은 강세를 받아 본래의 음가인 [æ]로 나타나지만, 둘째 음절은 강세가 없어 이 음절의 핵음인 모음은 schwa인 [ə]로 발음이 난다. 하지만 환경이 달라져 강세 위치에 변화가 생길 때, 예를 들어 형용사형 접미사 *-ic*가 첨가된 'atomic'이 되면, 강세는 둘째 음절에 오고, 이때 첫째 음절의 핵음은 schwa [ə]로 발음된다. 하지만 둘째 음절의 핵음은 원래의 음가대로 [ɑ]로 발음된다. 이렇게 강세의 변화에 따라 모음의 음가가 약화되어 나타나는 현상을 모음약화 현상이라고 한다.

모음약화 현상은 기능어와 내용어 모두에서 나타난다. ⟨3.4.7⟩의 예가 나타내 보이는 바와 같이 기능어의 경우 강세를 가질 때와 그렇지 않을 때 교체현상이 일어난다.

3.4.7

철자	강세가 있을 때	강세가 없을 때
a	[ey]	[ə]
am	[æm]	[əm] or [m̩]
an	[æn]	[ən] or [n̩]
are	[ar]	[ər] or [r̩]
as	[æz]	[əz]
at	[æt]	[ət]
can	[kæn]	[kən] or [kn̩]
of	[ɔv] or [av]	[əv]
or	[ɔr]	[ər] or [r̩]
the	[ðiy]	[ðə]
than	[ðæn]	[ðən] or [ðn̩]
that	[ðæt]	[ðət]
to	[tuw]	[tə]
was	[waz]	[wəz]

6) Chomsky & Halle(1968) 이후에 표면형(surface form)과 기저형(underlying form)이라는 두 개의 표상(representation)을 상정하는 것은 음운이론에서 일반적으로 받아들여지고 있다.

내용어일 경우에도 강세 유무에 따라 모음의 음가가 달라지는 교체현상을 보인다. 아래서 보는 바와 같이 이러한 현상은 영어에서 일반적으로 나타난다.

3.4.8

define	[ɑy]	vs.	definition	[ə]
super	[uw]	vs.	superior	[ə]
able	[ey]	vs.	ability	[ə]
explain	[ey]	vs.	explanation	[ə]
algebraic	[ey]	vs.	algebra	[ə]
sober	[ow]	vs.	sobrety	[ə]
decorum	[ow]	vs.	decorous	[ə]
compose	[ow]	vs.	composition	[ə]
progress (n.)	[ow]	vs.	progression	[ə]
diplomacy	[ow]	vs.	diplomat	[ə]
torrential	[e]	vs.	torrent	[ə]
momentous	[e]	vs.	moment	[ə]
emend	[e]	vs.	emendate	[ə]
presidential	[e]	vs.	president	[ə]
Canada	[æ]	vs.	Canadian	[ə]
vary	[æ]	vs.	variety	[ə]
satire	[æ]	vs.	satiric	[ə]
telegraphic	[æ]	vs.	telegraphy	[ə]
catholic	[æ]	vs.	catholicize	[ə]
parent	[æ]	vs.	parental	[ə]
heraldic	[æ]	vs.	herald	[ə]
atom	[æ]	vs.	atomic	[ə]
habit	[æ]	vs.	habitual	[ə]
college	[ɑ]	vs.	collegiate	[ə]
monarch	[ɑ]	vs.	monarchic	[ə]
democracy	[ɑ]	vs.	democrat	[ə]
solemn	[ɑ]	vs.	solemnity	[ə]

이러한 모음약화 현상이 심해지면 아래서 확인할 수 있는 것처럼 강세 없는 음절의 모음은 탈락한다. 물론 이 현상은 선택적으로 일어난다.

3.4.9

every	ev〈e〉ry
celery	cel〈e〉ry
vegetable	veg〈e〉table
probably	prob〈a〉bly
interested	int〈e〉rested
logically	logic〈a〉lly
generally	gen〈e〉rally
cardinal	card〈i〉nal
evening	ev〈e〉ning
strawberry	strawb〈e〉rry
literature	lit〈e〉rature
boundary	bound〈a〉ry
different	diff〈e〉rent
restaurant	rest〈au〉rant
blustery	blust〈e〉ry
peppery	pepp〈e〉ry
history	hist〈o〉ry
mystery	myst〈e〉ry
misery	mis〈e〉ry
miserable	mis〈e〉rable
prosecution	pros〈e〉cution
secretary	secret〈a〉ry (British)
preliminary	prelimin〈a〉ry (British)
imaginary	imagina〈a〉ry (British)
medicine	med〈i〉cine (British)

어중(word-medial)의 강세 없는 음절의 모음이 탈락하는 예를 살펴보았다. 어중뿐 아니라 단어의 첫째 음절에서도 강세가 없는 경우 모음이 탈락한다.

3.4.10

a. suppose	s⟨u⟩ppose
b. supplant	s⟨u⟩pplant
c. succumb	s⟨u⟩ccumb
d. parade	p⟨a⟩rade
e. police	p⟨o⟩lice
f. finesse	f⟨i⟩nesse

영어 강세 현상과 관련된 영어 자음, 모음 음운현상은 그 자체로도 흥미 있지만, 생성음운이론과 그 이후의 음운이론 발전과 깊은 관계가 있다. 다음 장에서는 영어가 음운이론의 발전에 어떠한 공헌을 해 왔는지를 살펴볼 것이다.

제4장

영어와 음운이론의 발전

이 장에서는 영어가 음운이론 발전에 공헌한 사실에 대해 살펴보고자 한다. 영어는 생성음운론(Generative Phonology)의 발전과 분리해서 생각할 수 없다.

Chomsky & Halle는 1968년 *The Sound Pattern of English*(이하 *SPE*)를 펴내었다. 이는 고전적 생성음운론의 효시가 되었다. 생성음운론은 기저표상(underlying representation)과 표면표상(surface representation)이라는 두 층위의 존재 필요성을 논증하는 것과 이 두 층위 간의 관계를 맺어 주는 음운규칙(phonological rule)을 형식화(formalization)하는 것에 이론적 초점을 두었다.[1] Chomsky & Halle의 생성음운론은 음의 교체현상(alternation)을 다루면서 추상적 기저형(underlying form)을 상정하고, 그 기저형에 일련의 음운규칙이 단계적으로 적용되어 표면형(surface form)이 도출된다고 주장한다.

이러한 생성음운론의 연구 관심은 음소(phoneme) 분류와 음소 분류기준 제시를 음운 연구의 주요 관심사로 두었던 구조주의 음운론(Structuralist

1) 기저표상과 표면표상이라는 용어 대신 기저표기와 표면표기라는 번역 용어를 사용하는 학자들도 많다.

Phonology)과 판이한 것이다.[2)] 구조주의 음운론은 한 언어의 언어 자료를 취합해서 그 자료에서 어떠한 음이 음소가 되고 어떠한 것이 이음(allophone)인지를 따지는 것을 중요시하였다. 이러한 점 때문에 구조주의 음운론은 분류음운론(taxonomic phonology)이라고 불리기도 한다. 한 언어에서 특정 음이 음소로 분류된다면 어떠한 근거에 의해서 그렇게 되는가 하는 기준을 정립하는 것이 중요할 수밖에 없다. 음성적으로 서로 관련되는 두 음이 있을 때 그중 하나가 음소가 되어야 할 경우, 분포(distribution)상 광범위한 음운환경(phonological environment)에 나타나는 음이 제한된 환경에서만 표출되는 음보다 음소로 선택되는 것이 더 좋다고 하는 것도 음소 분류기준에 관한 구조주의 음운론의 제안 중의 하나다.

Chomsky & Halle는 구조주의 음운론과는 이렇듯 판이한 연구과제와 연구방법을 가진 생성음운론의 정당성을 논증하기 위해 영어 음운현상을 이용하였다. 따라서 영어 음운현상은 생성음운론 연구의 근간이라고 말할 수 있다. 영어 음운현상을 바탕으로 해서 Chomsky & Halle(1968) 이후에 생성음운론은 끊임없이 수정 발전되어 왔다.

생성음운론의 주장 중 특기할 만한 것으로 음운표상의 구조에 관한 것을 들 수 있다. Chomsky & Halle(1968)는 음운구조(phonological structure)가 분절음(segment)의 단선적(linear) 연쇄로 이루어져 있고, 각 분절음은 분절음적 자질(segmental feature)과 초분절음적 자질(suprasegmental)의 비위계적(un-hierarchical) 덩어리로 구성되어 있다고 가정하였다. 분절음적 자질의 예로 [sonorant], [voice], [vocalic] 등을 들 수 있고, 초분절음적 자질의 예로는 강세(stress), 성조(tone), 장단(length)을 들 수 있다. 그래서 Chomsky & Halle의 생성음운론을 단선음운론(Linear Phonology)이라고 부르며, 이 이론에 입각한 음운구조는 〈4.01〉과 같다.

2) 여기서 말하는 구조주의 음운론은 L. Bloomfield를 정점으로 하는 미국 구조주의 음운론자들의 음운이론을 지칭한다.

4.01

단선음운론에 입각한 음운구조

$C_{[-vocalic]}$ $V_{[+vocalic,\ +high\ tone]}$ $C_{[-vocalic]}$ $V_{[+vocalic,\ -high\ tone]}$

그러나 1970년대 중반 이후에는 분절음적 자질과 초분절음적 자질이 독립된 층위를 형성한다는 주장이 여러 학자에 의해서 제기되었다. 그중 가장 두드러진 주장이 Goldsmith에 의해서 제안되었다. Goldsmith(1976)는 영국의 언어학자 John R. Firth의 운율음운론(Prosodic Phonology)의 틀을 원용하여 성조(tone)를 분석하면서 새로운 음운이론을 제안했는데, Goldsmith의 이 새로운 음운이론이 바로 자립분절음운론(Autosegmental Phonology)이다. 자립분절음운론에 근거해서 〈4.01〉에 포함되어 있는 자질 정보를 나타내면 아래와 같다.

4.02

자립분절음운론에 입각한 음운구조

H(igh tone) L(ow tone)

| |

$C_{[-vocalic]}$ $V_{[+vocalic]}$ $C_{[-vocalic]}$ $V_{[+vocalic]}$

이러한 음운구조를 상정하는 음운이론은 Chomsky & Halle의 단선음운론(Linear Phonology)과 비교해서 비단선음운론(Nonlinear Phonology)이라고 부른다.

Goldsmith의 자립분절음운론은 분절음과 초분절음적 자질의 틀 안에서 그 이후에 등장하는 비단선음운이론들에 많은 영향을 미쳤다. 예를 들면 영어의 이음현상(allophony)을 분석하면서 음절이 독립된 층위를 형성한다는 주장을 편 Kahn(1976)의 음절음운론(Syllabic Phonology),[3] 영어 강세를 분석하면서 분절음과 독립된 층위에 수형구조(tree structure)를 도입한 Hayes(1980)의 율격음운론(Metrical Theory)[4] 등이 비단선음운론에 포함된다. 자질에 관한 이론인 Hayes(1985) 등의 자질기하학(feature geometry) 그리고 중첩현상(reduplication)과 같은 음운론과 형태론의 접면 부문에서 일어나는 현상을 설명하기 위해 제안된 형판음운론(Template Phonology) 등도 모두 비단선음운론에 포함된다.

음운구조의 표기에 관한 또 다른 획기적 변화가 1980년대에 불어왔다. Kiparsky(1982)와 Archangeli(1984), Steriade(1987) 등이 주창한 미명세이론(Underspecification Theory)이 그것이다. 이 이론에서는 자질표기를 가능한 한 가장 정확하고 꼼꼼하게 해야 한다는 기존의 가정을 버리고, 예측 가능하고(predictable) 무표적인(unmarked) 변별자질은 기저표상에서 배제해야 한다는 것을 골자로 하였다. 이 이론을 통해서 기저표상이 어떠해야 한다는 논점은 더는 이론적 관심사가 되지 못하고, 어떻게 규칙이 형식화되어야 하는가가 주요 관심사가 되었다. 이러한 변화를 가져온 미명세이론은 영어 음운현상을 통해서 정립, 검증되었다.

Chomsky & Halle의 이론이 도전을 받은 것은 음운표상에만 국한된 것이 아니다. Chomsky & Halle의 이론은 어휘부(lexicon)와 음운부(phonological component) 간의 상호관계에 대해서도 도전을 받았다. Chomsky & Halle는 어휘부와 음운부 이 두 부문은 서로 직접적 연관성이 없다고 가정하였다. 그러나 이러한 가정은 1980년대에 들어와서 더는 받아들여지지 않게 되었다. Kiparksy(1982), Halle & Mohanan(1985), Borowsky(1986) 등을 통해 정립된 어휘음운론(Lexical Phonology)은 어휘부 내에 음운부의 존재를 인정함으로써 형태론과 음운론의 상호작용을 통해서 일어나는 음운현상을 훨씬 더 체계적으로 설명할 수 있음을 보여 주었던 것이다. 이 이론은 1980년대 대표적 음운이론으로서 영어 음운현상을 통해서 체계가 세워

3) Kahn의 음절음운론이 훨씬 정교해져 1980년대에 음절과 분절음 사이에 CV라는 골격 층위(skeleton tier)를 하나 더 상정한 Clements & Keyser(1983)나 CV 층위 대신 X-층위를 설정한 Levin(1985), CV 층위 대신 모라 층위를 도입한 Hyman(1985), Hayes(1989) 등의 음절이론이 제안되었다.

4) Liberman & Prince(1977)도 수형구조(tree structure)를 도입하고 또한 격자구조(grid structure)를 분절음과 독립된 층위에 상정하고 있지만, [+stress]를 모음의 자질로 보고 있다는 점에서 영어 강세 층위를 완전히 독립된 층위의 구조로 보았다고 말하기 어려울 것이다.

지고 발전되었던 것이다.

이처럼 1960년대부터 1990년대 초반까지 생성음운론 내에서 엄청난 이론적 발전과 변화가 있을 때마다 영어 음운현상은 이론의 정당성을 밑받침해 주는 역할과 이론의 검증에 필요한 리트머스 역할을 했던 것이다.

1968년부터 1990년대 초반까지 생성음운론의 가장 큰 특징 중의 하나는 도출과정(derivation)이라는 개념이 그대로 유지되고, 음운규칙이 그대로 이용되었다는 점이다. 기저형에서부터 음운규칙이 순차적으로 적용되어 표면형이 도출된다는 가정이 비단선음운론과 어휘음운론에도 그대로 유지되었다. 이러한 생성음운론의 기본 골격도 이제 더는 지탱할 수 없게 되었는데, 그 원인은 최적성이론(Optimality Theory)의 등장에 의해서다.

최적성이론은 음운규칙 대신에 표면표상에서 필터(filter) 역할을 하는 두 가지 종류의 음운제약, 즉 충실성제약(faithfulness constraint)과 유표성제약(markedness constraint)을 상정하고 기저표상과 표면표상 사이의 역동적(dynamic)·순차적(sequential) 중간도출과정(intermediate derivation) 대신 기저표상과 표면표상 두 표기 간의 정적인(static) 대응관계(correspondence relation)를 상정하고 있다. 이러한 이론적 가정의 변화는 음운이론의 틀(framework)이 완전히 변하는 것을 의미하였다. 규칙중심의 이론에서 제약중심의 이론으로 틀이 변화한 것은 기존의 주 관심사였던 기저표상의 존재와 존재형식, 그리고 규칙의 형식화 등이 더는 음운연구의 관심사가 되지 못하게 하였다. 대신 표면형의 적절성과 제약의 위계양상 등이 주 연구대상이 되도록 하였다. 이러한 이론적 관심사의 변화는 최적성이론이 음운론 이론의 영역을 벗어나 다른 언어학 영역—예컨대 통사론, 의미론—으로 확대 적용되는 결과를 가져오게 되었다. 이러한 최적성이론의 검증과 발전에서도 영어 음운현상은 중요한 역할을 하였다. Benua(1997)는 기존의 충실성제약과 유표성제약만으로는 음운현상을 설명하는 데 불충분하다는 것을 영어 음운현상을 통해서 논증하였다.

1993년부터 음운이론의 주류로 자리 잡은 최적성이론은 현재까지 그 지위를 유지하고 있다. 이것은 언어학이 과학적 학문으로 튼실한 뿌리를 내린 20세기 이후 여러 음운이론의 생멸 역사를 반추해 볼 때 그 예를 찾아보기 어려운 매우 특이한 점이다. 하지만 그동안 대단히 역동적으로 발전만 해 오던 최적성이론도 현재는 거의 정체상태를 보이고 있다. 언어 간 변이(variation)와 방언 간 변이, 그리고 불투명성(opacity) 등의 설명에서 최적성이론이 규칙중심의 이론보다 훨씬 탁월한 대안을 내보이지 못하게 됨에 따라 최적성이론의 입지가 많이 약화되었다. 변이의 문제를 해결하기 위해서 Pierrehumbert(2001)는 확률이론(Stochastic Phonology)을 최적성이론의 대안으로 제시하고 있다. 확률이론에서도 영어 음운현상은 중요한 자료로 이용되고 있다. 불투명성 문제 또한 영어음운론의 여러 음운현상에서 많이 발견된다. 따라서 앞으로 현재 주류 이론인 최적성이론의 정체상태의 해소와 새로운 대안이론의 모색도 영어음운론의 연구를 통해서 가능할 것으로 추론할 수 있다.

1960년대부터 10년을 단위로 각 시대에 가장 주목받았던 음운이론을 하나씩 선택하면 1960년대는 *SPE*, 1970년대는 비단선음운론(Nonlinear Phonology), 1980년대는 어휘음운론(Lexical Phonology), 1990년대는 최적성이론이 될 수 있을 것이다.[5] 이제부터 앞에서 언급한 여러 음운이론을 좀 더 상세히 살펴보도록 한다.

4.1 단선음운론(Linear Phonology)

Chomsky & Halle(1968)로부터 1970년대 중반까지의 생성음운론을 통칭해서 단선음운론이라고 할 수 있다. 따라서 단선음운론에는 여러 학자의 이론이 다 포함될 수 있지만, 여기서는 Chomsky & Halle의 생성음운론만 소개하고자 한다.

*SPE*는 Chomsky(1965)가 제안한 문법구조, 즉 음운부(phonological component)를 어휘부, 의미부, 통사부와 분리시키는 구조를 받아들이고 있다. 통사부에서 문장구조에 관한 변형생성이 일어난 다음 어휘부에 존재하는 어휘가 삽입되는데, 이때 생성되는 구조를 표면구조(surface structure)

5) 물론 학자에 따라 다른 견해를 가질 수 있으나, 이 책에서는 이 이론들을 가장 대표적인 것으로 선택하였다.

라고 하고, 이것이 음운부의 입력형(input)이 된다. 이 입력형은 음운부의 음운표상(phonological representation)으로 직접 이용되기 전에 재조정(readjustment) 단계를 거치게 된다. 이 단계에서는 형태론적 정보가 음운론적 정보로 변환된다. 예를 들면 형태소의 정보가 PAST인 경우에는 /-d/나 /-D/ 등으로 조정된다. 이러한 재조정 단계를 거친 것이 음운표상, 즉 기저표상이 된다. 이 표상은 음운규칙의 적용대상이 된다. 음운규칙의 적용결과는 또 다른 규칙의 적용대상이 된다. 이러한 일련의 과정을 거친 결과가 표면표상인데, 이 표상을 흔히 음성표상(phonetic representation)이라고 한다. 기저표상은 일반적으로 음운표상이라고 하고[6] 음운표상에서 음성표상 사이에 일련의 규칙이 적용되어 입력형-출력형 연쇄가 계속 이어지는데, 이러한 전 과정을 도출(derivation)이라고 한다. 요약해서 나타내면 아래와 같다.

4.1.1

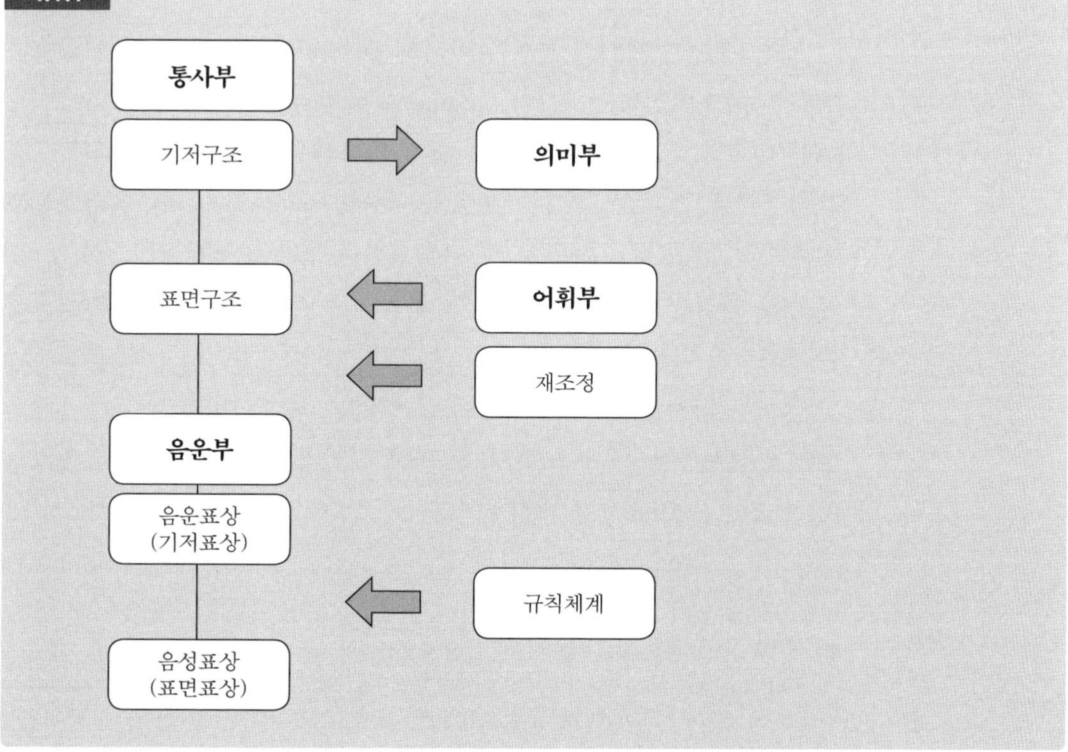

Chomsky & Halle가 주창한 음운이론의 핵심은 음의 구조(sound structure)가 음운표상(phonological representation)과 음성표상(phonetic representation)이라는 두 개의 층위(level)로 구성되어 있고, 이 두 층위 간의 관계(relation)는 규칙(rule)이라는 기제(machinery)를 통해 성립된다는 것이다.

4.1.2

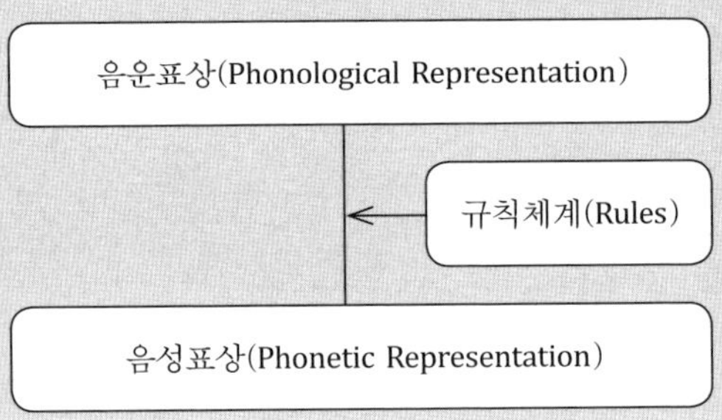

음의 구조가 하나의 층위가 아니라 두 개의 층위로 이루어져 있다는 것은 이미 소쉬르(Ferdinand de Saussure)가 제안했던 것이므로 Chomsky & Halle(1968)의 독창적인 것이라고 할 수 없다. 하지만 두 층위에 대한 구체적 내용으로 음운표상은 기저표상(underlying representation)에, 음성표상은 표면표상(surface representation)에 해당한다는 점을 분명히 하고, 이 두 층위 간의 연결을 결정짓는 형식적인 원리가 무엇인지에 대해 천착하는 점은 소쉬르와 다르다.

*SPE*는 기저표상인 음운표상에 올 수 있는 음은 어떤 것이고, 표면표상인 음성표상에 올 수 있는 음은 어떤 것인지에 대해서 관심이 있었으며, 이 전통은 1990년대 최적성이론이 등장하기 전까지 계속되었다. 그리

6) 기저표상을 음운표상과 특별한 구별 없이 사용하지만, 뒤에 소개하는 1980년대의 어휘음운론의 틀 안에서는 기저표상과 음운표상을 구별한다. 기저표상은 어휘부 내에서 이루어지는 순차적 음운계층이 시작되는 표상을 가리키고, 음운표상은 어휘부 내에서 기저표상 이후에 나타나는 표상 모두를 지칭한다. 따라서 어떠한 이론적 틀 안에서 사용하느냐에 따라 기저표상과 음운표상이 구별되기도 하고 그렇지 않기도 하다. *SPE*의 음운이론에서는 기저표상과 음운표상이 구별 없이 사용될 수 있다.

고 음운표상이 음성표상으로 전환되는 데 필요한 원리는 어떤 것이 있는가를 *SPE*는 잘 보여 주고 있다. *SPE*가 제안한 형식적 원리 중에 가장 중요한 내용은 음운표상이 음성표상으로 전환되는 것은 순차적으로 적용되는 규칙들의 체계(system)에 의한 것이라는 주장이다. 달리 표현하면, 표면표상인 음성표상은 규칙체계에 의해서 기저표상인 음운표상으로부터 생성된다고 *SPE*는 주장한다. 이런 이유에서 *SPE*의 음운이론을 생성음운론(Generative Phonology)이라고 한다.

규칙체계를 구성하는 개별 규칙이 구체적으로 어떤 모습을 취하고 있는지 그리고 개별 규칙이 어떻게 상호작용을 하는지에 대해서 명료하게 기술하는 것은 *SPE*의 가장 중요한 일이면서 음운이론 발전에 가장 큰 공헌이 되었다. *SPE*가 제안한 규칙은 구조기술(structural description)과 구조변화(structural change)라는 두 가지 구성요소를 가지고 있는데, 구조기술은 규칙이 적용되는 음운환경(phonological environment)에 해당하고, 구조변화는 음운규칙의 적용결과에 해당한다. 'A는 X와 Y 사이에 올 경우 B로 바뀐다'는 것을 의미하는 규칙을 형식화하면 아래와 같다.

4.1.3

A → B / X __ Y

XAY는 구조기술이고 XBY는 구조변화를 나타낸다. 이 규칙은 XAY → XBY에서 동일한 요소인 X __ Y를 '/' 오른쪽에 고정시키고, 변화를 보인 것, 즉 A → B를 '/' 왼쪽에 나타낸 것이다. 이 규칙에서 A, B는 변별자질을 가리키고, X, Y는 변별적 자질이나 경계부호와 같은 형태론적 정보도 될 수 있고 아니면 임의적 기호 등이 될 수 있다. *SPE*는 1920, 1930년대 프라그학파 음운론(Prague School Phonology)의 변별자질 이론을 음운이론에 본격적으로 도입하고 있다.

*SPE*는 규칙 적용에 관한 규약도 제안하고 있는데, 연접적 규칙순(conjunctive rule ordering)과 이접적 규칙순(disjunctive rule ordering)이 그것에 속한다. 여기서 연접성(conjunctivity)과 이접성(disjunctivity)이라는 개념을 이해할 필요가 있다. 연접성은 괄호로 표기되고 이접성(disjunctivity)은 중

괄호로 표기된다.

4.1.4

a. 연접성 X(Y)Z = XYZ 다음에 XZ

b. 이접성 X {Y, Z} W = XYW 아니면 XZW

임의의 요소 X, Y, Z, 그리고 W가 있을 때 X(Y)Z는 연접성을 형식화한 것인데, 긴 구조인 XYZ가 그보다 짧은 구조인 XZ보다 먼저 적용된다는 것을 의미하고, X{Y, Z}W는 XYW 아니면 XZW 둘 중 하나만 선택되고 이 둘 사이에는 적용순서가 존재하지 않는다는 것을 의미한다. 이접적 규칙순과 연접적 규칙순을 보여 주는 규칙의 예를 살펴보자.

영어 강세를 분석하면서 *SPE*는 강세부여에 관한 여러 규칙을 제안하고 있는데, 그중 단어 강세에 관련된 규칙 중의 하나가 주강세규칙(Main Stress Rule)이다.[7] C_o는 자음의 수는 몇 개가 되든지 상관없다는 것을 의미한다.

4.1.5

주강세 부여 규칙

$$V \rightarrow [1\text{stress}] \ / \begin{cases} \_\_\_ C_0(V(C))(VC_0)]_N & \text{(a)} \\ \_\_\_ C_0(V(C))]\# & \text{(b)} \end{cases}$$

(V: 이완 단모음)

이 규칙은 "명사의 경우 단어의 마지막에 오는 모음이 짧으면 그 뒤에 몇 개의 자음이 오든지 상관없이 그 모음은 건너뛰고, 그 앞의 모음이 단모음과 하나의 자음 또는 자음이 없는 경우 이 모음도 건너뛰어 그 앞에 오는 모음에 주강세를 부여하라"는 것과 "명사가 아닌 경우에 단어의

7) *SPE*(p. 84)는 최종적으로 주강세규칙을 더 복잡하게 형식화하는데, 여기서는 논점을 부각하기 위하여 보다 간단하게 줄인 규칙을 소개하기로 한다.

마지막에 짧은 모음과 하나의 자음이 뒤따르는 경우에는 이 모음을 건너뛰고 그 앞에 오는 모음에 주강세를 부여하는데, 이 경우에는 모음 뒤에 자음이 몇 개가 오든지 상관없다"는 것을 형식화한 것이다. 이 규칙은 이접적 규칙순과 연접적 규칙순 두 가지를 동시에 보여 주고 있다. 우선 중괄호는 해당 단어가 명사이면 (a)가 선택되고 그렇지 않으면 (b)가 선택된다는 이접적 규칙순을 보여 준다. 그리고 (a)나 (b) 각각의 경우에 괄호 안의 음운정보가 있는지를 먼저 살펴보고 그것이 있으면 그 구조에 규칙이 적용되고, 그러고 나서 괄호가 없는 짧은 구조에 규칙이 적용된다는 것을 보여 주기 위해 괄호를 사용하였다. 이는 연접적 규칙순을 보여 준다.

또한 여기서 *SPE*가 영어의 강세를 단선적으로 표상하고 있다는 것도 알 수 있다. 규칙 〈4.1.5〉를 보면 모음은 주강세규칙에 의해 강세자질을 갖게 된다. 이때 부여되는 강세는 다른 변별자질과 마찬가지로 모음에 관한 하나의 자질에 불과하다. 또한 강세를 부여하는 규칙도 분절음에 관한 다른 음운규칙과 마찬가지로 위계적 구조가 아닌 단선적 구조를 보여 준다. 이처럼 *SPE*는 강세에 관한 구조를 위계적, 복선적으로 형식화하지 않고 수평적, 단선적으로 형식화하고 있는데, 이러한 점에서 *SPE*식의 생성음운론을 단선음운론이라고 부른다. 이와 맞서는 개념이 비단선음운론이다.

4.2 비단선음운론(Nonlinear Phonology)

앞에서 살펴본 바와 같이 영어 강세를 분석하면서 *SPE*는 강세를 모음에 관한 변별자질로 간주하고 있다. 각 모음은 강세 규칙에 의해 강세자질을 부여받게 된다. 여기서 전제하는 것은 기저모음은 강세자질을 가지지 않는다는 점이다. 강세자질은 다른 변별자질과 달리 다가적(多價的, multivalent)이다([1stress], [2stress], [3stress] 등). *SPE*는 강세부여에 관한 여러 규칙을 제안하고 있는데, 그중 단어 강세에 관련된 규칙으로는 주강세규칙(Main Stress Rule), 교체 강세 규칙(Alternating Stress Rule), 강세 조정 규칙(Stress Adjustment Rule) 등이 있다. 주강세규칙에 대해서는 이미 앞에서 살펴보았으므로 여기서는 논의하지 않기로 한다.

교체 강세 규칙은 주강세가 부여되고 난 뒤에 리듬에 맞추어 나타나는 강세의 위치를 포착하기 위해 *SPE*가 도입한 규칙이다. 이 규칙은 부여된 주강세를 기준으로 왼쪽으로 두 번째 모음에 강세를 부여한다.

4.2.1

교체 강세 규칙

$V \rightarrow [1\ \text{stress}]\ /\ \_\_\_\ C_0VC_0V_{[1\text{stress}]}C_0]_{N,\ A,\ V}$

이 규칙이 적용된 후에 주강세가 아닌 강세 간의 상대적 강약을 조정해 주는 또 다른 규칙을 *SPE*는 상정하는데, 이 규칙이 강세 조정 규칙이다.

4.2.2

강세 조정 규칙

단어 내에서, 주강세 이외의 강세는 1단계씩 약화된다.

이 세 규칙이 적용된 예를 onomatopoeia라는 단어를 통해 정리해 보자. 이 단어의 품사는 명사이기 때문에 주강세규칙(4.1.5) 중에서 (a)가 선택된다. 앞서 언급했듯이 C_0는 자음의 수가 몇 개가 되든지 상관없다는 것을 의미한다.

4.2.3

$V \rightarrow [1\text{stress}] / \_\_ C_0[V(C)](VC_0)]_N$

이 규칙은 아래와 같이 여러 개로 나눌 수 있다.

4.2.4

a. $V \rightarrow [1\text{stress}]\ /\ \_\_\_\ C_0VCVC_0]_N$

b. $V \rightarrow [1\text{stress}]\ /\ \_\_\_\ C_0VVC_0]_N$

c. $V \rightarrow [1\text{stress}]\ /\ \_\_\_\ C_0VC_0]_N$

단어 onomatopoeia는 단모음으로 끝나고 그 왼쪽에 모음이 오는데 이 모음이 장모음이기 때문에 〈4.2.4c〉가 적용된다.

4.2.5

o	no	ma	to	poei	a	
				1		주강세규칙

주강세규칙이 적용되어 끝에서 두 번째 모음인 -oei-에 강세가 부여되고 나면, 다음 규칙인 교체 강세 규칙이 적용되어 -oei-로부터 왼쪽으로 두 번째 모음인 -a-에 강세가 부여된다.

4.2.6

o	no	ma	to	poei	a	
		1		1		교체 강세 규칙

그다음에 다시 교체 강세 규칙이 적용되면 -a-에서 왼쪽으로 두 번째 오는 모음인 o-에 강세가 부여된다.

4.2.7

o	no	ma	to	poei	a	
1		1		1		교체 강세 규칙

이렇게 강세가 부여되고 나면 강세 조정이 일어난다. 주강세는 끝에서 두 번째에 오기 때문에 이 주강세 바로 앞에 오는 강세가 먼저 약화된다.

4.2.8

o	no	ma	to	poei	a	
1		2		1		강세 조정 규칙

그러고 나서 나머지 단어에 오는 강세가 약화되면서 이미 한 번 약화된 강세는 또 한 번 약화된다.

4.2.9

o	no	ma	to	poei	a	
2		3		1		강세 조정 규칙

이렇게 해서 *SPE*는 onomatopoeia의 표면형 강세는 어말에서 두 번째 모음에 제1강세, 네 번째 모음에 제3강세, 여섯 번째 모음에 제2강세가 온다고 분석한다: $o^2noma^3topoei^1a$. 지금까지 살펴본 도출과정을 한꺼번에 나타내면 아래와 같다.

4.2.10

o	no	ma	to	poei	a	
				1		주강세규칙
		1		1		교체 강세 규칙
1		1		1		교체 강세 규칙
1		2		1		강세 조정 규칙
2		3		1		강세 조정 규칙
o^2	no	ma^3	to	$poei^1$	a	표면표상

이렇게 *SPE*는 영어의 강세를 단선적으로 표상하고, 그 음운규칙도 모음에 강세를 부여하고 강등시키는 것으로 간주한다. 이러한 단선음운론을 버리고 강세를 분절음 층위와 다른 층위에 표현하는 구조로 나누어서 강세를 분석하는 이론이 1970년대 후반에 등장하는데, 이것이 율격음운론이다. 강세를 시에서의 Meter(보격)처럼 각 분절음이 아닌 그보다 큰 성분(constituent)에서의 강약현상으로 보려고 시도한 이론을 일컫는다.

율격음운론은 Liberman & Prince(1977)에 의해서 시작된다. 율격음운론에서는 강세를 모음이 갖는 자질로서가 아니라 율격구조(metrical structure)의 역동적 관계의 결과로 파악한다. 율격구조는 강약이나 고저를 포착하는 리듬구조로서 율격나무(metrical tree)와 율격격자(metrical grid) 두 가지 방법으로 표현된다.

율격나무는 상대적 강약을 나타내는 이분법적 구조를 포착하는데, s는 강(strong), w는 약(weak)을 의미한다. 하나의 단어 안에서 이루어진 [s w]는 하나의 음보(foot)를 형성하는데, 개념 규정상 음보는 반드시 하나의 강세를 가진다.[8)]

4.2.11

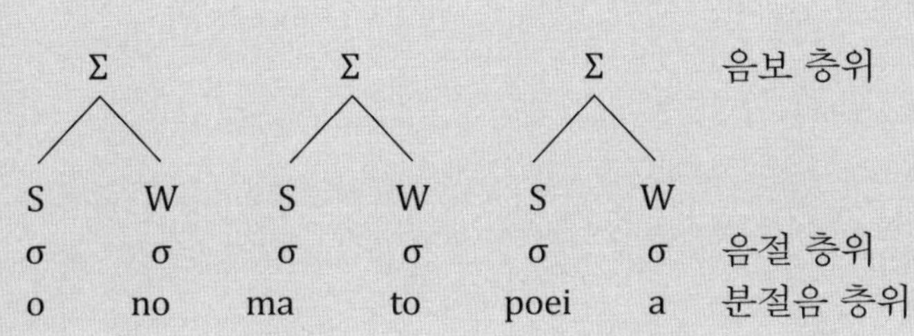

음보 바로 위의 운율단위(prosodic unit)는 운율어인데, onomatopoeia라는 형태론적 단어는 세 개의 음보로 이루어진 운율어(prosodic word)다.

4.2.12

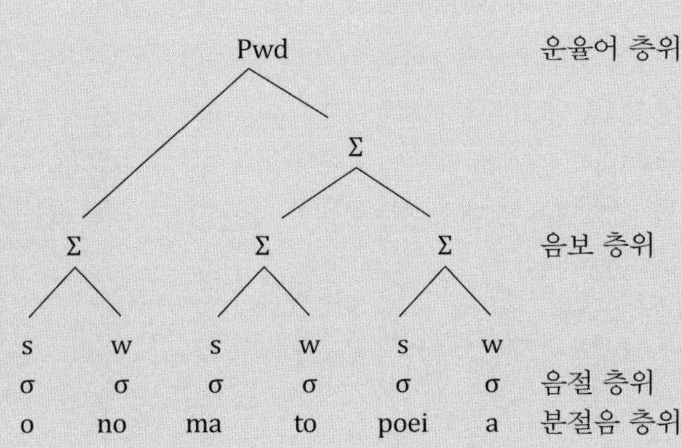

8) 율격음운론 내에서 음보에 대한 더욱 정교한 이론이 Hayes(1981)에서 제안된다. 여기서는 음보에 대한 더 자세한 설명을 추가하지 않기로 한다.

이처럼 강세를 분석함에 있어서 분절음 층위와 독립된 율격구조 층위를 상정하고, 강세는 율격구조에 나타나는 상대적 관계의 결과라고 간주하는 음운이론을 율격음운론이라고 한다.

율격구조를 수형구조가 아닌 격자구조로 표현할 수도 있다. 격자구조는 격자와 같이 수평, 수직으로 촘촘히 짜여 있는 구조를 말한다. 이 구조에서 Liberman & Prince(1977)는 원래 별표를 사용했는데, Prince(1983)는 별표를 x로 바꾸었다. 격자표의 기둥이 높을수록 강세가 큰 것을 나타낸다.

4.2.13

				x	
x		x		x	
x	x	x	x	x	x
σ	σ	σ	σ	σ	σ
o	no	ma	to	poei	a

우선 Liberman & Prince(1977, 이하 LP)부터 살펴보기로 하자. LP는 *SPE*의 주강세규칙에 해당하는 것으로 영어 강세 규칙(English Stress Rule, ESR)을 상정한다. 이 규칙은 모음에 [+stress]를 부여하는 규칙이다. LP는 [±stress]라는 자질을 바탕으로 해서 구성성분의 강약을 나타내고 있다. LP가 상정한 영어 강세 규칙은 아래와 같이 형식화되어 있는데, *SPE*의 규칙과 큰 차이가 없다.

4.2.14

영어 강세 규칙

$V \rightarrow [+stress] \ / \ \_\_\_ \ C_0((\check{V}C_0)\check{V}C_0)]\#$

다음으로 LP는 *SPE*의 교체 강세 규칙을 매우 정교하게 만들어서 세 개의 후퇴(retraction) 규칙으로 분리시켰다.

4.2.15

a. 약한 후퇴(Weak Retraction)

$V \rightarrow [+stress] \; / \; \_\_\_ \; C_0((\check{V}C)V_{[+stress]})$

b. 강한 후퇴(Strong Retraction)

$V \rightarrow [+stress] \; / \; \_\_\_ \; C_0(VC_0)V_{[+stress]}$

c. 긴 후퇴(Long Retraction)

$V \rightarrow [+stress] \; / \; \_\_\_ \; C_0(\check{V}(C))(VC_0)V_{[+stress]}$

그러고 나서 수형구조(tree structure)를 만드는 규칙을 도입하는데, 좌음보 형성(Left Foot) 규칙도 그중의 하나다.

4.2.16

좌음보 형성 규칙(LP, 294)

시종일관 왼쪽 마디가 강한(s) 좌분지 수형구조는 좌음보를 가져야 한다.

율격구조에 관한 또 다른 규정으로 율격 괄호화(metrical bracketing)가 있다.

4.2.17

율격 괄호화(LP, 281)

a. 적용영역 조항(Domain Provision)

모든 적용영역 안에 있는 음절은 율격구조화되어야 한다

b. 교체 조항(Alternation Provision)

구조화되지 않은 것은 이미 구조화된 것에 반복적으로 인접시킨다.

c. 연결 조항(Linkage Provision)

위 두 조항에 의해서 제공된 율격구조를 인접시킨다. 반복적으로 만든 최종 구조를 인접시킨다.

강세자질이 주어지지 않거나 율격구조화되지 않은 음절에 대한 규칙도 있다.

4.2.18

미지정 음절 결합(Stray Syllable Adjunction, SSA)
영어 강세 규칙에 의해서 강세자질이 주어지지 않은 음절과 이후에 적용된 수형구조형성 규칙에 의해서 구조화되지 않은 음절은 가장 가까이에 있는 좌음보의 약한 요소와 연결시킨다.

LP는 이렇게 율격구조화를 형성하고, 수형구조의 구성성분 간의 강약을 위해서 어휘범주탁립성 규칙을 도입하고 있다.

4.2.19

어휘범주탁립성 규칙(Lexical Category Prominence Rule, LCPR)
[N1 N2] 구조에서 N2가 분지를 이루는 한 N1보다 강하다.

그리고 어떠한 율격구조도 비적형의 구조를 가질 수 없다는 제약(condition)을 상정하고 있으며, 적형성에 관한 제약으로 강한 마디는 [-stress]를 지배할 수 없다는 적형성제약(well-formedness constraint)도 도입하고 있다.

4.2.20

적형성제약 $\begin{array}{c} ^{*}\mathrm{S} \\ | \\ \mathrm{V}_{[-\mathrm{stress}]} \end{array}$

지금까지 소개한 규칙을 이용해서 onomatopoeia의 강세를 설명하면 〈4.2.21〉과 같다.

4.2.21

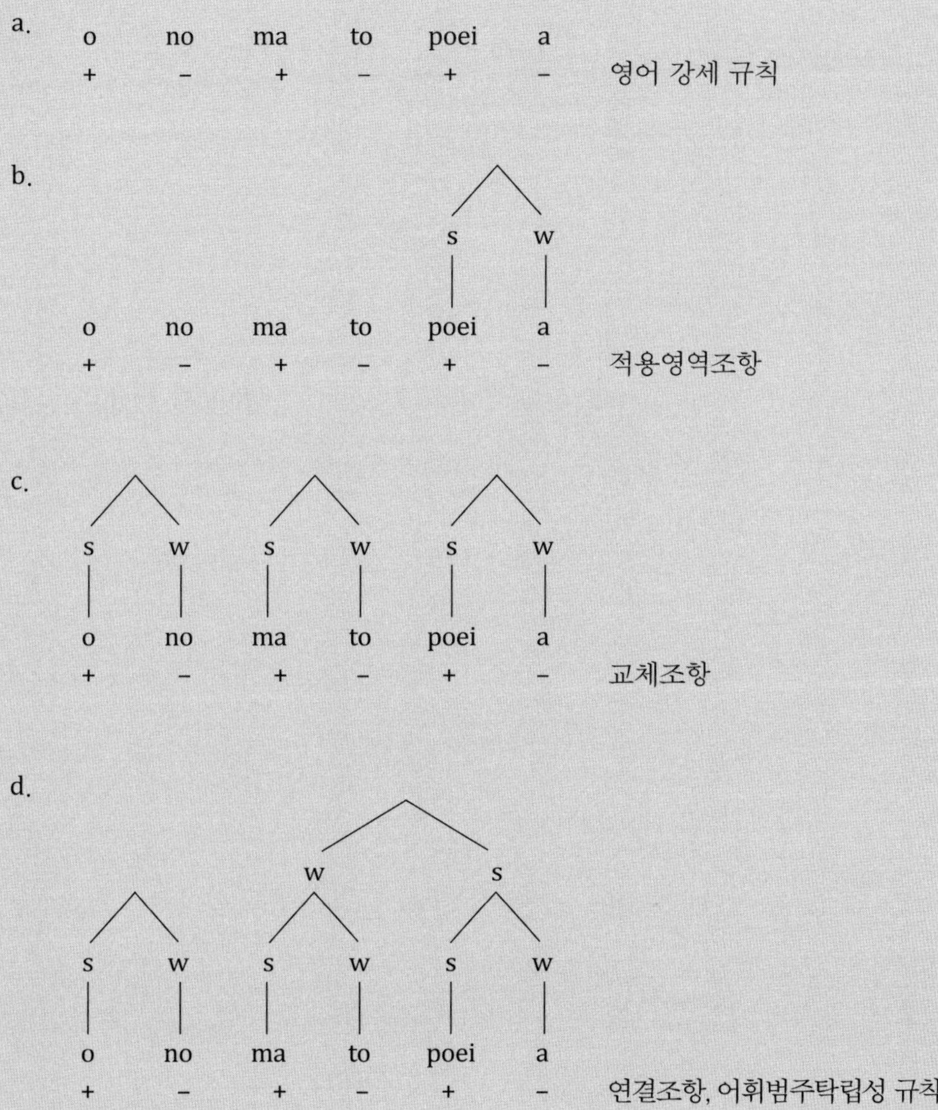
a.
o no ma to poei a
+ – + – + –
영어 강세 규칙
b.
s w
o no ma to poei a
+ – + – + –
적용영역조항
c.
s w s w s w
o no ma to poei a
+ – + – + –
교체조항
d.
w s
s w s w s w
o no ma to poei a
+ – + – + –
연결조항, 어휘범주탁립성 규칙

e.

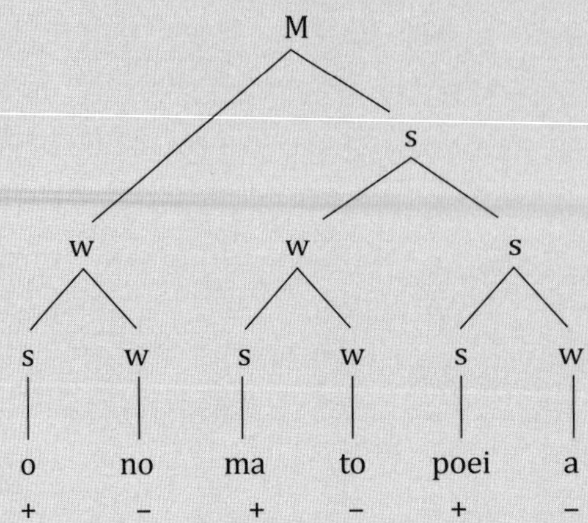

연결조항, 어휘범주탁립성 규칙

f.

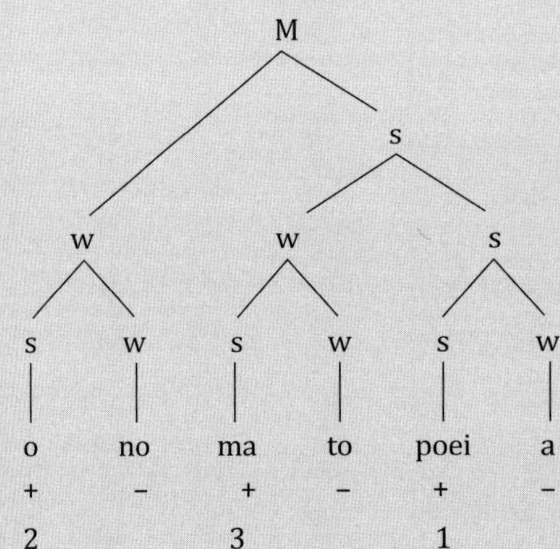

강세계산

강세계산은 가장 밑에 있는 w 마디(node)를 지배하는 마디에 1을 더하면 된다. 즉, w 마디를 지배하는 마디의 개수는 주강세를 갖는 -poei-는 0개, 어초의 음절 o-는 한 개, -ma- 음절은 두 개, 따라서 여기에 1을 더하면 각각 1, 2, 3이 된다. 이처럼 LP는 율격구조가 분절음 층위와는 독립된 층위를 형성하는 것으로 상정하고 영어강세를 분석하는데, 이 과정에서 순차적으로 적용되는 다수 음운규칙을 도입하고 있다.

다음으로 Hayes(1981)의 이론을 살펴보자. Hayes(1981)는 LP보다 적은 수이긴 하지만 여전히 음운규칙을 도입하고 있다. Hayes(1981)는 LP와 다르게 [±stress]라는 변별자질을 완전히 버리고 강세를 구성성분 간 상대적 탁립성으로 보고 있다. 그리고 모음 대신 운모투사(rime projection)를 본격적으로 도입하고 있다. Hayes(1981)가 이용하고 있는 규칙은 영어 강세 규칙(English Stress Rule), 장모음 강세 규칙(Long Vowel Stressing), 각종 율격제외규칙(Extrametricality), LP의 세 가지 독립된 후퇴 규칙을 하나의 규칙으로 통합한 강한 후퇴(Strong Retraction) 규칙, LP와 유사한 미지정 음절 연접(Stray Syllable Adjunction, SSA) 규칙, 단어수형구조형성(word tree construction) 등이 있다.

Hayes(1981)가 제안한 영어 강세 규칙은 운모투사 층위에 좌강 이분지 음보를 어말에서부터 만들도록 한다.

4.2.22

a. 영어 강세 규칙
운모투사 층위에 좌강 이분지 음보를 운모투사 층위에 어말에서부터 만들어라.

b. 장모음 강세 규칙
장모음의 경우 독립적인 음보를 만들어라.

이 규칙들이 적용되기 전에 먼저 운모투사가 일어나고, 율격제외규칙이 적용된다. Hayes(1981)가 제안한 율격제외규칙은 네 가지다.

4.2.23

a. 자음 율격제외규칙(Consonant Extrametricality)
동사와 접사가 첨가되지 않은 형용사에서 어말의 자음을 율격에서 제외시켜라.

b. 명사 율격제외규칙(Noun Extrametricality)
명사에서 어말의 음절을 율격에서 제외시켜라.

c. 형용사 율격제외규칙(Adjective Extrametricality)
접미사가 첨가된 형용사에서 어말의 음절을 율격에서 제외시켜라.

d. 도출과정 율격제외규칙(Late Extrametricality)
도출과정 중에 어말 음보를 율격에서 제외시켜라.

운모투사, 율격제외규칙, 영어 강세 규칙이 적용된 뒤에 단어 전체의 리듬을 포착하는 규칙인 강한 후퇴 규칙이 적용된다.

4.2.24

강한 후퇴
오른쪽에서 왼쪽 방향으로 음절의 무게에 상관없이 좌강 음보를 단어 전체에 걸쳐 만들어라.

강한 후퇴 규칙이 적용된 후에도 여전히 율격구조에 편입되지 못한 음절은 미지정 음절 연접(Stray Syllable Adjunction) 규칙에 의해 인접 음보의 약한 요소로 연결시킨다.

4.2.25

미지정 음절 연접
미지정 음절을 인접 음보의 약한 요소로 연결시켜라.

이 규칙은 LP의 그것과 유사하다. 마지막으로 LP의 어휘범주탁립성 규칙(Lexical Category Prominence Rule)과 비슷한 규칙으로 Hayes(1981)는 단어수형구조형성(word tree construction) 규칙을 제안하고 있다.

4.2.26

단어수형구조형성
w 마디는 이분지 되어서는 안 된다.

이 규칙을 통해 주강세가 어말의 오른쪽에 올 수 있게 된다. 지금까지 살펴본 음운규칙이 onomatopoeia에 어떻게 적용되는지 알아보자. Hayes(1981)는 율격제외 요소를 사선으로, 음보를 가로줄을 그어 표시하고 있다.

4.2.27

a.

o	o	a	o	oei	a	운모투사
o	no	ma	to	poei	a	

b.

o	o	a	o	oei	~~a~~	명사 율격제외규칙
o	no	ma	to	poei	a	

c.

o	o	a	o	oei	~~a~~	
o	no	ma	to	poei	a	장모음 강세, 영어 강세 규칙

d.

s	w	s	w	s		
o	o	a	o	oei	~~a~~	
o	no	ma	to	poei	a	강후퇴

e.

s	w	s	w	s	w	
o	o	a	o	oei	a	
o	no	ma	to	poei	a	미지정 음절 연접

f.

		w		s		
s	w	s	w	s	w	
o	o	a	o	oei	a	
o	no	ma	to	poei	a	단어수형구조형성

g.

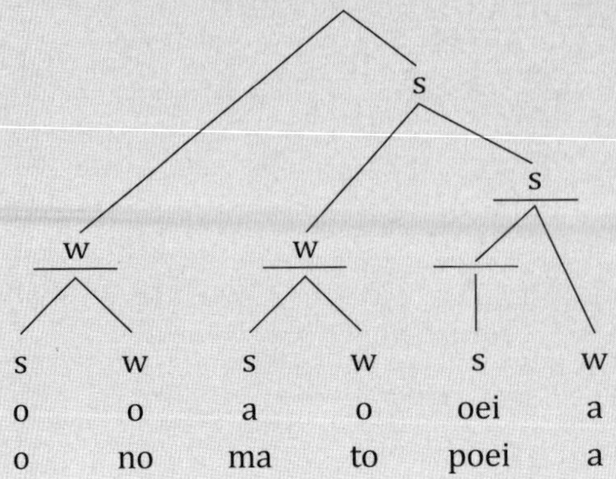

단어수형구조형성(반복적 적용)

〈4.2.27〉에서 보듯이 Hayes(1981)의 율격이론도 순차적으로 적용되는 음운규칙에 의존할 수밖에 없다는 것을 알 수 있다.

Hayes 이후에 율격구조를 수형구조가 아닌 격자구조만으로 나타낼 수 있다는 주장이 Prince(1983)에 의해 제기되었다. 격자구조는 원래 Liberman & Prince(1977)에서 수형구조가 구에서의 리듬을 표현하기 위해서는 두드러지지 않는다는 약점을 보완하는 수단으로 사용되었는데, Prince(1983)는 단어의 강세도 리듬의 반영이기 때문에 단어의 율격구조도 수형구조 없이 격자구조만으로 표현할 수 있다고 주장한다. 이후 격자구조만을 이용한 율격음운론이 수형구조에 바탕을 둔 율격음운론보다 더 많이 채택된다.

Prince(1983)는 강세패턴의 중요한 결정요인은 충돌이라고 보고 있으며, 격자에 의해서 충돌이 잘 표현되고, 충돌을 피함으로써 리듬이 생긴다고 주장한다. 아래의 예에서 이 주장을 쉽게 알 수 있다.

4.2.28

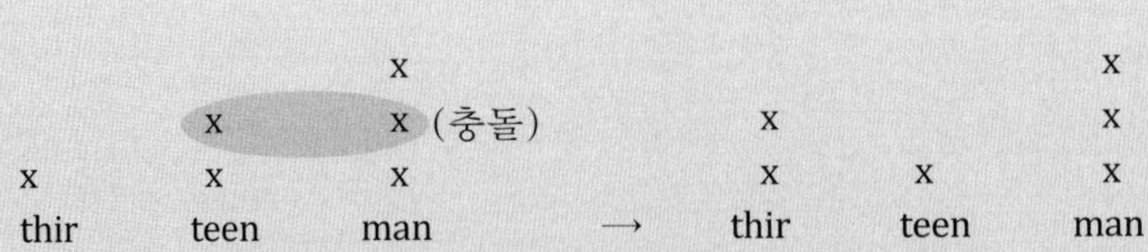

음절 teen에 오는 강세와 man에 오는 강세가 인접하게 되면서 강세 충돌이 일어나는데, 이 충돌을 막기 위해서 왼쪽으로 격자가 이동해서 thir와 man에 강세가 오게 된다. 이로써 리듬감이 생기게 된다.

Prince(1983)는 이러한 리듬감은 구에서뿐만 아니라 단어에서도 생긴다고 보고, 단어 강세 설명도 격자구조만으로 충분하다고 주장하면서 여러 개의 음운규칙을 도입하고 있다. 우선 음절과 음보를 율격요소에서 배제하는 두 규칙, 음절 율격제외(Syllable Extrametricality)와 음보 율격제외(Foot Extrametricality) 규칙을 도입하고 있다. 그다음으로 음량민감규칙(Quantity Sensitivity, QS)을 도입한다. 이 규칙에 의해 중음절(heavy syllable)은 아래와 같은 구조를 갖게 된다.

4.2.29

x
x
σ_H

그리고 두 가지 종류의 경계규칙(End Rule, ER)을 제안하고 있다. 이 규칙은 하나의 적용영역 끝에 격자를 부여하는 역할을 한다.

4.2.30

경계규칙

a. ER(I): 적용영역의 첫 부분에 격자를 부여한다.

b. ER(F): 적용영역의 끝부분에 격자를 부여한다.

ER(I)은 음보형성 단계에서 적용되고, ER(F)는 단어의 주강세를 표현하는 단계에서 적용된다.

또한 리듬을 좋게 만들기 위해 단어의 오른쪽에서부터 왼쪽으로 저점-고점이 교대로 나타나게 격자를 부여하는 규칙을 Prince(1983)는 도입한다. 이것은 Hayes(1981)의 강세 조정 규칙에 해당한다.

4.2.31

완벽격자형성(Perfect Grid Construction, PGC)
충돌을 피하기 위해 격자 고저가 교대로 나타나게 만들어라. 적용순서는 오른쪽에서 왼쪽으로 저점(trough)-고점이 교대로 나타나게 하라.

그리고 주강세가 아닌 강세 간의 상대적 강약을 위해서 어초강화규칙(Initial Downbeat, ID)을 도입한다. 이러한 규칙이 onomatopoeia에 어떻게 적용되는지를 요약하면 아래와 같다.

4.2.32

a.	x	x	x	x	x	x	기본적 격자 부여
	o	no	ma	to	poei	a	
b.	x	x	x	x	x	⟨x⟩	음절 율격제외규칙
	o	no	ma	to	poei	a	
c.	x						ER(I)
	x	x	x	x	x	⟨x⟩	
	o	no	ma	to	poei	a	
d.	x		x		x		QS, PGC
	x	x	x	x	x	⟨x⟩	
	o	no	ma	to	poei	a	
e.					x		ER(F)
	x		x		x		
	x	x	x	x	x	⟨x⟩	
	o	no	ma	to	poei	a	

f.				x		ID
x				x		
x		x		x		
x	x	x	x	x	x	
o	no	ma	to	poei	a	

수형구조를 배제시키고 격자만으로 강세를 설명하는 Prince(1983)의 격자 중심 율격음운론은 리듬을 포착하는 장점이 있는 대신 수형구조가 가지고 있던 장점인 음보의 이분지성을 잃어버렸다. 이러한 점은 Halle & Vergnaud(1987, 이하 HV)에서 보완되는데, HV는 수형구조가 가지던 음보의 이분지성을 괄호를 이용해서 표시한다. 결국 HV에서 격자 중심 율격음운론은 수형구조가 가지던 이분지성과 격자가 가지던 리듬이 혼합된 이론으로 발전하게 되었다. HV는 격자를 x 대신 *로 나타내고 있다.

4.2.33

(*	*)	(*	*)	(*	*)	음보 층위
σ	σ	σ	σ	σ	σ	음절 층위
o	no	ma	to	poei	a	분절음 층위

이후에 약간의 변형이 있긴 했지만, 이러한 격자 중심 율격음운론이 강세에 대한 다수 음운이론으로 정착하였다.

율격음율이론의 마지막 예로 HV를 좀 더 자세히 살펴보기로 한다. HV는 수형구조가 아닌 격자만으로 강세를 설명한다는 점에서는 Prince (1983)와 동일하고, 구성성분(constituent)을 상정한다는 점에서는 LP와 Hayes(1981)와 동일하다. HV는 강세를 율격구성성분(metrical constituent)의 핵으로 간주하고 있다.

HV는 기본적으로 영어를 핵말음보(head-terminal foot), 좌강음보(left-headed foot), 좌향음보형성(right-to-left foot construction)이라는 세 매개변수(parameter)를 갖는 언어로 전제한다. 그러면서 HV는 순차적으로 적용되는 여러 개의 음운규칙을 상정한다.

율격제외규칙과 악센트 규칙(Accent Rule)이 있는데, 전자는 선행 음운 이론에서 언급된 규칙과 거의 유사하다. 후자는 Hayes(1981)의 장모음 강세 규칙과 Prince(1983)의 음절음량민감규칙(QS)과 동일한 기능을 한다.

4.2.34

악센트 규칙

분지하는 운모를 갖는 음절에 제1층위 별표(격자)를 부여하라.

다음에 주강세규칙(Main Stress Rule)이 있는데, 이 규칙은 여러 개의 정보를 포함하고 있다.

4.2.35

주강세규칙

a. 0, 1층위에서(Line 0 and Line 1)

i. 0층위: [+핵말, +한정, 좌강, 좌에서 우로]

ii. 0층위에서 구성성분 경계를 만들어라.

iii. 1층위에서는 0층위에서 부여된 구성성분의 핵을 찾아라.

iv. 교대강세규칙(Alternator: 순환, 비순환 층위 규칙)

b. 1층위 매개변수: [+핵말음보, -한정, 우강]

i. 1층위에서 구성성분 경계를 만들어라.

ii. 2층위에서는 1층위에서 부여된 구성성분의 핵을 찾아라.

c. 2층위 매개변수: [+핵말음보, -한정, 우강]

i. 1층위의 핵을 2층위 구성성분에 포함하라.

ii. 오른쪽 구성성분이 핵이 된다.

부강세(non-primary)를 갖는 음절들에 나타나는 리듬을 포착하기 위해 HV는 주강세규칙에 따라 생성된 강세를 중화시키는 기능을 하는 규칙을 도입하고 있는데, 강세융합(Stress Conflation)이 그것이다.

4.2.36

강세융합
1층위와 2층위를 융합하라.

HV는 또 단어의 첫째 음절 또는 둘째 음절의 강세를 강화시키는 규칙인 강세증강(Stress Enhancement)을 도입한다.

4.2.37

강세증강
단어의 첫째 음절 또는 둘째 음절의 강세를 강화하라.

그 밖에도 많은 규칙을 제안하고 있는데, 여기서는 이 정도의 소개로 충분할 것이다. 이 규칙들이 onomatopoeia에 어떻게 적용되는지는 〈4.2.38〉에서 보여 준다. 〈4.2.38〉에서 마침표는 율격제외요소이거나 핵이 아닌 요소를 의미한다. 각괄호는 율격배제된 분절음을 적시하기 위한 표시다.[9)]

9) Prince(1983)와 달리 HV는 순환계층과 비순환계층을 구별하여 사용하고 있다.

4.2.38

```
a.                              b.                                  c.
                                                                     .    .    .    .    *       .
 *    *    *   *     *     *      *    *    *    *     *      .       *    *    *    *    *       .
 o   no   ma  to   poei    a  →   o   no   ma   to   poei    ⟨a⟩  →   o   no   ma   to  poei    ⟨a⟩
              율격배제규칙                          악센트 규칙

d.                              e.                    *          f.
                                  (*    .    *    .   *)
  *    .    *    .    *                                             .    .    .    .    *
 (*    *)  (*    *)  (*)    .    (*    *)  (*    *)  (*)    .       *    *    *    *   (*)    .
→ o   no   ma   to   poei  ⟨a⟩ →  o   no   ma   to   poei  ⟨a⟩  →   o   no   ma   to  poei   ⟨a⟩
교대강세규칙              1층위 매개변수                         강세융합

              -------------- 순환계층 끝 ---------------

g.                              h.                               i.                           *
                                                                   (*    .    *    .    *)
  .    .    .    .    *           *    .    *    .    *    .
  *    *    *    *   (*)    *    (*    *)  (*    *)  (*    *)      (*    *)  (*    *)  (*    *)
→ o   no   ma   to   poei  ⟨a⟩ →  o   no   ma   to   poei   a  →    o   no   ma   to   poei   a
율격배제규칙 삭제        교대강세규칙                      1층위 매개변수

j.                         *
   (*                      *)
   (*    .)  (*    .       *)
   (*    *)  (*    *)  (*    *)
→   o   no   ma   to   poei   a
강세증강, 2층위 매개변수
```

지금까지 Liberman & Prince(1977), Hayes(1981), Prince(1983), 그리고 Halle & Vergnaud(1987) 등의 율격이론을 살펴보았다. 율격음운론은 강세를 분석함에 있어 분절음과 다른 층위에 강세구조를 표현하는 율격구조를 상정하고 있다는 점에서 비단선음운론이라고 한다. 이러한 율격이론은 여전히 순차적으로 적용되는 음운규칙을 도입하고 있다.

이 장 시작 부분에서 이미 언급한 바와 같이, 비단선음운론은 여러 종류의 음운이론을 통칭하는 것인데, 비단선음운론에는 지금까지 소개한 율격음운론 외에 음절음운론도 포함된다. 음절음운론은 영어의 분절음 음운현상을 분석하면서 정립된 이론이다. 이 이론의 효시는 Kahn(1976)이라고

할 수 있다.

Kahn(1976)은 그전까지 음운분석의 주요 대상이 되지 못했던 기식음화(aspiration), 탄설음화(flapping), 성문음화(glottalization) 등 영어의 이음현상(allophony)을 생성음운론의 틀 안에서 이론적으로 분석하였고, 아울러 분절음 층위와 음절 층위를 분리함으로써 음운표상의 다층화 필요성을 분절음 현상에서도 정당화시켰다. 이로써 Kahn(1976)은 이후 모음조화(vowel harmony)나 비음조화(nasal harmony) 같은 분절음 조화현상을 설명함에 있어서 [+round]나 [+nasal] 같은 기존의 분절음 자질을 독립된 층위에 위치시켜 자립분절음(autosegment)으로 간주하는 데 촉발자 역할을 하였다. 이런 점에서 Kahn(1976)의 음절음운론은 비단선음운론의 틀을 확립, 확장시키는 데 커다란 공헌을 했다고 평가할 수 있다.

Kahn(1976)은 영어음운론의 전통에서 매우 이례적으로 이음현상을 이론적으로 분석하고 있다. 이음현상을 형식적으로(formally) 분석한 것은 생성음운론의 전통에서뿐만 아니라 미국 언어학의 전통으로 볼 때에도 매우 파격적인 일탈이었다. 이음현상은 블룸필드(Bloomfield)를 정점으로 하는 미국 구조주의 음운론에서는 이론적으로 연구 가치가 없는 것으로 치부되었고, 이러한 구조주의 전통은 생성음운론에서도 그대로 유지되었다. Bloomfield(1933)는 음성학자와 언어학자(즉, 음운론자)를 엄격하게 구분하면서, 변별성을 보이지 않는 음에 대한 기술이나 기록은 음성학자들이 하는 것이지 음운론자들이 하는 것은 아니라고 보았다. 그리고 음을 기록하는 작업은 개인적이고 자의적이며 일관성 없이 우연하게 이루어질 수 있는데, 이러한 세부적인 음성적 기록에서조차 비변별적 자질들은 무시될 수밖에 없다. 그러므로 언어학적 연구는 비변별적 자질들을 무시한 채 대상언어의 음소를 기록하는 작업이라고 블룸필드는 주장하였다. 다음의 인용에서 블룸필드의 이러한 견해를 확인할 수 있다(Bloomfield, 1933: 85).

> ... the phonetician may turn to some language, new or familiar, and insist upon recording all the distinctions he has learned to discriminate, even when in this language they are non-distinctive and have no bearing whatever.... The chief objection to this procedure is its inconsistency. The phonetician's equipment is

personal and accidental; he hears those acoustic features which are discriminated in the languages he has observed. Even his most 'exact' record is bound to ignore innumerable non-distinctive features of sound.... Only two kinds of linguistic records are scientifically relevant. One is a mechanical record of the gross acoustic features, such as is produced in the phonetic laboratory. The other is a record in terms of phonemes, ignoring all features that are not distinctive in the language.

이러한 블룸필드의 입장은 이후 언어학자들에게 오랫동안 받아들여졌고, 따라서 비변별적 자질에 관련된 음운현상인 기식음화, 탄설음화, 성문음화 등의 이음현상은 음운론의 연구대상에서 배제된 채 음소론(Phonemics)과 이형태현상(allomorphy)이 음운론의 주 연구대상이 되었다. Kahn(1976)은 이러한 미국 음운론의 전통을 깨부수고 새로운 전통을 확립했던 것이다. Kahn(1976)의 연구 이후 기식음화, 탄설음화, 성문음화 등 이음현상은 영어음운론의 주 연구대상으로 부상하게 되었다.

사실 미국 언어학 전통에 대한 Kahn(1976)의 반기는 유럽의 구조주의 언어학으로 보면 프라그학파 음운론(Prague School Phonology)으로의 회귀라고 볼 수도 있다. 왜냐하면 프라그학파 음운론에서는 이음현상을 중요한 음운현상으로 간주했기 때문이다. 프라그학파인 Trubetzkoy(1939)는 이음현상을 표피적인 생리적 문제(physiological matter)로 간주할 것이 아니라 추상적인 심리적 실재(psychological reality)를 갖는 현상으로 보아야 한다고 주장한다. 음소론자(phonemicist)들이 음소를 심리적 실재로 파악한다는 것을 감안하면, 트루베츠코이가 이음현상이 심리적 상관물(psychological correlates)을 가진 현상이라고 주장하는 것은 매우 주목할 만한 것이다. 트루베츠코이가 대표하는 프라그학파 음운론은 음소뿐만 아니라 이음을 포함한 일반 음에 대한 지대한 관심이 있었다. 이러한 관심은 이음현상을 음운론의 중요한 연구대상으로 삼는 것과 연관되어 있고, 이것은 음이 분절음(segment)이 아니라 변별자질(feature)로 구성되어 있다는 주장을 가능하게 만들었다.

이음현상을 분석하면서 음운표상과 관련해서 Kahn(1976)이 주장한 핵심적 내용은 음의 구조가 음절 층위와 분절음 층위 두 개의 독립된 층위로 구성되어 있다는 것이다.[10] 물론 분절음을 변별자질의 집합체로 보고 있다는 점은 *SPE*와 동일하다. Kahn(1976)이 주장하는 음의 구조를 napkin이라는 단어를 이용해서 간략하게 살펴보면, napkin은 두 개의 음절, 즉 nap과 kin으로 구성되어 있고, 음절 층위는 분절음 층위와 구별되고, 이 두 층위는 연결선(association line)으로 이어져 있다.

4.2.39

næp	kɪn	분절음 층위
\/	\/	
S_1	S_2	음절 층위

첫째 음절의 말음에 오는 /p/는 성문음이 되고, 둘째 음절의 두음에 오는 /k/는 기식음이 된다. water에서 두 음절에 걸쳐 있는 /t/는 양음절적(ambisyllabic)이어서 탄설음이 된다. 이처럼 음절을 이용하여 분절 음운 현상을 분석하면서 주창된 이론이 음절음운론이다.

4.3 어휘음운론(Lexical Phonology)

*SPE*에서는 어휘부와 음운부를 분리하고, 형태부가 음운부를 선행하는 것으로 본다. 모든 형태론적 과정(morphological process)이 이루어진 다음에 음운규칙이 적용되어 올바른 표면형태가 도출된다는 *SPE*의 주장은 1970년대에 와서 도전을 받게 되었다. 단어형성이 이루어지고 난 다음 음운규칙이 적용되고 거기에 다시 단어형성 과정이 일어나서 또 음운규칙이 적용되어야 하는 경우가 발견되는 현상을 *SPE*는 간과했던 것이다. 이러한 약

10) 음절에 관해서도 *SPE*는 단선적 구조를 보여 주고 있다. *SPE*는 음절성(syllabicity)을 변별자질로 기술하고 있다. *SPE*(p. 354)에 따르면, 음절에 관한 변별자질은 [±syllabic]이고, 이 자질을 가지고 모음이나 자음의 음절성을 나타낸다. 이 변별자질은 다른 변별자질들과 마찬가지로 개별 분절음이 갖는 하나의 속성에 불과하다고 간주한다.

점을 극복하기 위한 음운이론이 1980년대에 등장했는데, 이 이론이 어휘음운론이다.

형태론과 음운론 간 상호작용의 중요성에 대해서는 어휘음운론이 등장하기 훨씬 이전부터 언급되었다. Siegel(1974)은 SPE의 "+" 경계(boundary)와 "#" 경계를 이들이 부착되는 접사의 속성으로 파악하면서, 전자에 의해서 표시되었던 접사를 제1부류 접사(Class I Affix), 후자에 의해서 표시되었던 접사를 제2부류 접사(Class II Affix)라고 불렀다. 영어에 있어서 제1부류 접사로는 *in-*, *-al*, *-ate*, *-ic*, *-ion*, *-ity*, *-ive*, *-ous*, *-ure* 등이 있고, 제2부류 접사로는 *un-*, *-hood*, *-ing*, *-less*, *-ness* 등이 있다. Siegel에 의하면 제1부류 접사는 어간(stem)의 강세 위치에 영향을 미치지만, 제2부류 접사는 어간의 강세 위치에 아무런 영향을 미치지 않는다고 본다. 따라서 제1부류 접사가 첨가된 파생어와 제2부류 접사가 첨가된 파생어 간의 차이는 단어 형성 규칙과 강세규칙, 즉 형태론과 음운론 간의 관계를 통해서 설명할 수 있다. 제1부류 접사 첨가라는 단어 형성 규칙은 강세 부여 규칙에 선행하기 때문에 제1부류 접사 파생어는 강세 부여 규칙의 적용대상이 된다. 따라서 어간의 강세위치는 변하게 된다. 반면 제2부류 접사 파생어는 강세 부여 규칙이 적용되고 난 후에 접사 부여 규칙을 통해 형성되기 때문에 어간의 강세위치는 변화가 없게 된다. 이것을 도식으로 나타내면 아래와 같다.

4.3.1

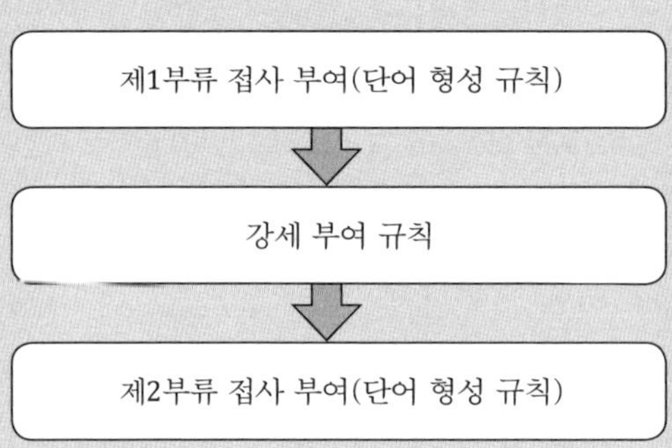

단어 형성 규칙은 형태론적 규칙이고, 강세 부여 규칙은 음운론적 규칙이다. 만약 형태론이 음운론보다 선행한다는 *SPE*식의 문법구조를 받아들이면 음운규칙이 어떠한 경우에는 형태론적 규칙보다 선행하고 다른 경우에는 후행하는 〈4.3.1〉과 같은 모순적 상황을 설명하기 어렵게 된다. 반면 형태론과 음운론이 상호 역동적 관계에 있다고 상정하면 이런 모순적 상황은 큰 문제가 되지 않게 된다. 즉, 형태론적 규칙과 음운론적 규칙 간에 기계적인 순위를 배제할 수 있게 된다. 따라서 영어 접사를 두 개의 부류로 구별하고, 이 두 부류의 접사들이 음운론적 규칙과 각기 다른 순위 관계를 보인다고 주장한 것이 1980년대 어휘음운론의 발전에 큰 영향을 미쳤다고 볼 수 있다. 또한 Siegel은 어휘부가 순차적인 계층들(strata)로 구성되어 있고, 각각의 형태론적 접사 부여는 정해진 계층에서만 일어난다고 주장하였다. 즉 제1부류 접사는 제1계층에서만 어간에 첨가되고 제2부류 접사는 제2계층에서만 부착된다. 따라서 제2부류 접사들은 제1부류 접사가 첨가된 어간이나 제2부류 접사가 첨가된 어간에 부여되어 파생어를 형성할 수 있다. 하지만 제2부류 접사들을 포함하는 어간에는 제1부류 접사가 부여되지 못한다. 이런 주장은 ungrammaticality와 같은 경우, 즉 제1부류 접미사가 첨가된 어간에 제2부류 접두사 un-이 부여되어 ungrammatical이 되고, 여기에 다시 명사형 제1부류 접미사 -ity가 첨가되어 ungrammaticality가 형성되는 경우를 설명하지 못한다. 이런 결점에도 불구하고 어휘부를 계층화한 점은 1980년대 어휘음운론과 어휘형태론의 등장에 커다란 공헌이라고 할 수 있다. Siegel(1974) 외에도 Aronoff(1976)가 접사를 여러 가지 부류로 나누고, 각 부류 접사가 어휘부의 정해진 계층에서만 어간과 결합한다는 주장을 하고 있다.

이처럼 형태론과 음운론 간의 상호작용에 대한 1970년대의 연구결과에 힘입어 1980년대 어휘음운론이 제 모습을 갖추게 되었다. 어휘음운론은 Mohanan(1982), Kiparsky(1982), Halle & Mohanan(1985) 등에 의해서 1980년대를 대표하는 음운이론으로 정착하였다. 어휘음운론에서 제안하고 있는 문법구조가 *SPE*의 그것과 크게 차이 나는 점은 앞에서도 이미 언급한 바와 같이 어휘부 안에 음운부가 들어갈 수 있다고 보는 것이다. 즉, 어휘부 내에서도 음운현상이 일어난다고 보는 관점이다. 물론 어휘부를 거치고 나서 위치하는 통사부를 거친 이후에도 음운현상이 일어난다. 전자의 경우를 어휘부 음운현상, 후자의 경우를 어휘부후 음운현상이라고 구별해서 부른다. 전자를 어휘음운론, 후자를 어휘후부 음운론이라고 지칭하기도 한다. 이 경우 이 이론 전체의 명칭과 어휘부 내에서 일어나는 음운현상을 설명하는 명칭이 동일해서 혼동을 주기도 한다.

이제 어휘음운론에서 주장하는 중요한 개념을 살펴보도록 하자. 먼저 순차적 계층 가설(Stratum Ordering Hypothesis)이다. Mohanan(1982)의 정의는 아래와 같다.

4.3.2

순차적 계층 가설
어휘부는 순차적 계층으로 구성된다.

영어의 경우 어휘부가 몇 개의 계층으로 구성되어 있는지에 대해서는 학자들 간의 이견이 있다. Mohanan(1982)과 Halle & Mohanan(1985)은 네 개의 계층이 있는 것으로 보고 있고, Kiparsky(1982)는 세 개의 계층이 있는 것으로 보고 있다. 물론 단어들이 구나 문장으로 결합되어 통사부를 거친 단계인 어휘후부 계층을 상정하는 것은 동일하다.

음운규칙이 적용되는 원칙을 말하는 계층영역 부여 규칙(Principles of Domain Assignment Rule)도 중요한 개념 중의 하나인데, 학자들에 따라 약간씩 다르다. Mohanan(1982)의 정의에 따르면 아래와 같다.

4.3.3

계층영역 부여 규칙
a. 상반된 증거가 없는 한, 규칙의 적용영역으로 가장 작은 수의 계층을 부여하라.
b. 상반된 증거가 없는 한, 규칙의 적용영역으로 가능한 한 가장 높은 단계의 계층을 부여하라.

이러한 원칙을 통해서 어휘부 내의 형태론적 각 계층은 음운규칙의 적용영역이 된다. 따라서 형태론과 음운론 간의 관계를 형식화할 수 있게 된다.

위에서 언급한 순차적 계층 가설과 계층영역 부여 규칙은 음운규칙이 형태론적 정보에 직접 접근할 수 있게 함으로써 *SPE*에서 논란의 여지가 많았던 여러 종류의 경계 부호들을 음운이론에서 제거할 수 있게 되었다.

어휘음운론에서 어휘형성의 과정마다 각괄호(bracket, [ ])를 이용해서 어간과 접사 간의 결합을 표시하는데, 각 단어 내부에 있는 각괄호는 다음 계층에서는 삭제되는 규약을 상정하고 있다. 이 규약을 괄호제거규약(Bracket Erasure Convention)이라고 한다. government를 예로 들면 이 단어는 제2계층에서 어간인 govern에 접미사 -ment가 첨가되어서 형성된다.

4.3.4

govern, ment	형태소
	형태론적 계층
[govern]	제1계층
[[govern]ment]	제2계층
	괄호제거규약 적용
[government]	

제2계층에서 보이는 구조인 [[govern]ment]를 Halle & Mohanan(1985)에서는 [[govern][ment]]로 나타낸다. 이 구조는 괄호제거규약의 적용에 의해서 내부의 각괄호가 제거되어 [government]가 되며, government는 하나의 연속체로 간주된다.

어휘음운론은 *SPE*와 마찬가지로 음운규칙이 엄격하게 순차적으로 적용된다고 주장한다. 오히려 음운규칙의 순차성은 더 엄격하고 복잡해졌다고 말할 수 있다. 마치 컨베이어 시스템처럼 각 단계를 빠짐없이 거쳐야 하므로 한 부분이 빠져 있을 경우 기저형이 표면형으로 제대로 도출되지 못하게 된다. 이러한 엄격한 순차성은 어휘음운론의 가장 큰 약점으로 지적되었고, 어휘음운론의 쇠퇴에 결정적인 역할을 하였다(Goldsmith, 1991).[11]

지금까지 살펴본 어휘음운론의 구조를 요약해 보면 〈4.3.5〉와 같다. 이 구조는 Kiparsky(1982)의 모델을 요약한 것이다.

4.3.5

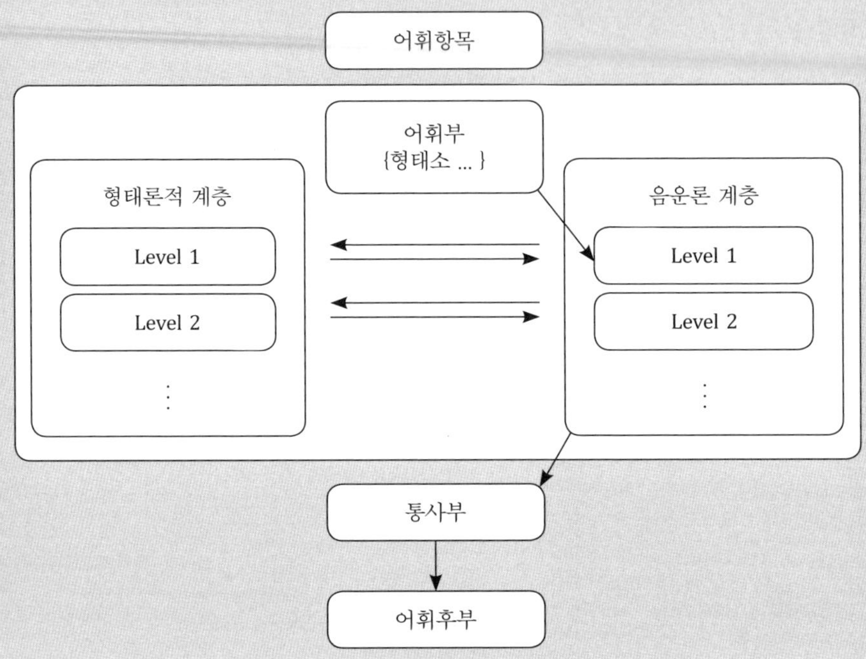

4.4 최적성이론(Optimality Theory)

기저표상에서 표면표상의 도출과정(derivation)을 지배하는 규칙을 기반으로 하는 *SPE*의 표준이론(Standard Theory)에 대항하여 표면표상의 적형성(well-formedness)을 평가하는 제약을 바탕으로 하는 이론이 Prince & Smolensky(1993, 2004)에 의해 제안되었는데, 이 새로운 이론이 바로 최적성이론(Optimality Theory, 이하 OT)이다. 최적성이론은 기저표상과 표면표상을 인정하고 있고 이 두 층위의 표상구조를 견지한다는 점에서 생성음운

11) 어휘음운론에 대한 더 상세한 논의는 Kenstowicz(1994)를 참조하기 바란다.

론의 맥을 잇고 있다고 할 수 있다. 하지만 최적성이론은 기존의 규칙 기반 표준 생성음운론과는 큰 차이가 나서 기존의 생성음운론과 관련이 없으며, 따라서 생성음운론의 전통과 단절된 것처럼 오해를 받는다. 최적성이론은 또한 표준 생성음운론이 가정하는 것과 확연히 다른 개념과 이론적 기제를 상정하고 있다. 어떠한 측면에서 최적성이론과 표준 생성음운론이 다른지를 알아보도록 하자.

우선 용어부터 분명하게 하기로 하자. Prince & Smolensky(1993, 2004) 이후 음운론 내에 많은 이론적 발전이 있었다. 공감이론(Sympathy Theory), 도출 최적성이론(Derivational Optimality Theory), 후보연쇄 최적성이론(Optimality Theory with Candidate Chains) 등을 예로 들 수 있다. 하지만 이러한 이론들은 Prince & Smolensky(1993, 2004)가 상정하는 이론적 근간을 유지하고 있다. 따라서 Prince & Smolensky(1993, 2004)와 이후의 모든 이론적 발전을 합쳐 최적성이론이라고 부를 수 있다. 물론 Prince & Smolensky(1993, 2004)의 이론을 주류 또는 고전적 최적성이론이라고 별칭하면서 그 이후의 이론과 구별하기도 한다. 혹은 Prince & Smolensky(1993, 2004), McCarthy & Prince(1993a, b), 그리고 Prince & Smolensky가 상정한 함유이론(Containment Theory) 대신 대응이론(Correspondence)을 제안한 McCarthy & Prince(1995)를 합쳐 주류 또는 고전적 최적성이론이라고 말하기도 한다. 이렇듯 최적성이론이라고 할 때, 용어상의 혼동이 있긴 하지만, 기본적으로는 Prince & Smolensky(1993, 2004)를 최적성이론 또는 OT라고 부르는 것이 안전할 것이다.

다음은 OT가 상정하는 중심 개념과 그 이론적 기제를 살펴보기로 하자. OT는 음의 구조(sound structure)를 입력부(input)와 출력부(output) 두 개의 층위로 이분하면서 이 두 층위의 관계를 병렬적, 수평적인 것으로 간주하고 있다. 이러한 입장은 *SPE*가 기저표상과 표면표상 두 개의 층위 관계를 직렬적, 수직적으로 간주하고 있는 것과 차이가 난다. OT의 용어로 *SPE*의 입장을 나타내 보면 *SPE*의 음운표상과 기저표상은 입력부에 해당하고, 음성표상과 표면표상은 출력부에 해당한다.

4.4.1

a. *SPE*

입력부(음운표상 = 기저표상)

↓

출력부(음성표상 = 표면표상)

b. OT

입력부 — 출력부

*SPE*는 입력부에 속하는 특정 기저형이 순차적으로 적용되는 일련의 규칙에 의해 출력부에 속하는 하나의 특정 출력형으로 도출된다고 가정한다. 이에 반해 OT는 입력부에 속하는 특정 입력형이 생성부(Generator)라는 매개자를 통해 출력부에 속하게 되어 이론적으로는 무한한 수의 출력 후보형(output candidate)과 연결된다고 가정한다.

4.4.2

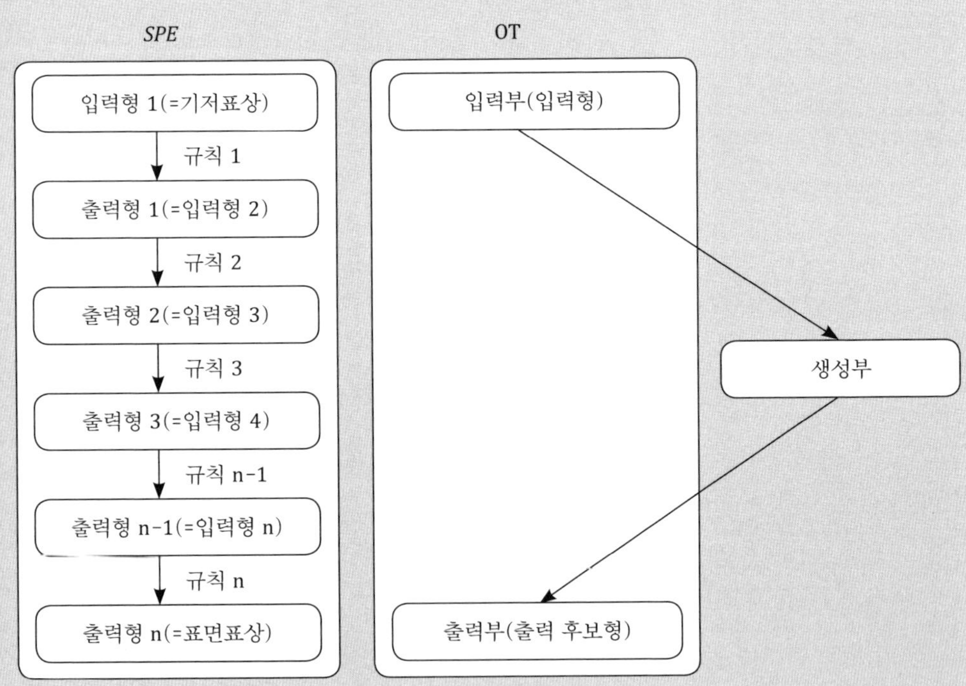

*SPE*에서는 기저표상인 입력형 1은 규칙 1의 구조기술(structural description)을 만족하기만 하면 구조변화(structural change)가 일어나서 출력형 1이 되고, 이것은 다시 규칙 2의 입력형, 즉 입력형 2가 되어 규칙 2의 적용결과 출력형 2가 된다. 이것은 다시 그다음 규칙의 입력형이 되고 이러한 과정이 계속되어 마지막 단계인 규칙 n의 입력형인 입력형 n, 즉 출력형 n-1에 규칙 n이 적용되어 출력형 n이 된다. 이 출력형 n 다음에는 다른 규칙이 더 이상 적용되지 않게 되기 때문에 이 출력형이 표면표상이 된다. 이처럼 *SPE*에서는 규칙이 도출과정을 생성하고 유지하는 중요한 이론적 기제가 된다. 반면 OT에서는 도출과정을 상정하지 않고 있어서 규칙이라는 기제를 도입할 필요가 없다. OT에서 입력부와 출력부 간의 관계는 생성부에 의해 간접적으로 맺어지고 있다. 특정(specific) 입력형인 입력형 s가 생성부를 통과하면 출력 후보형이 생성되는데, 이 생성과정은 순차적, 직렬적이지 않고 동시다발적, 병렬적이라고 주류 OT는 가정하고 있다.

4.4.3

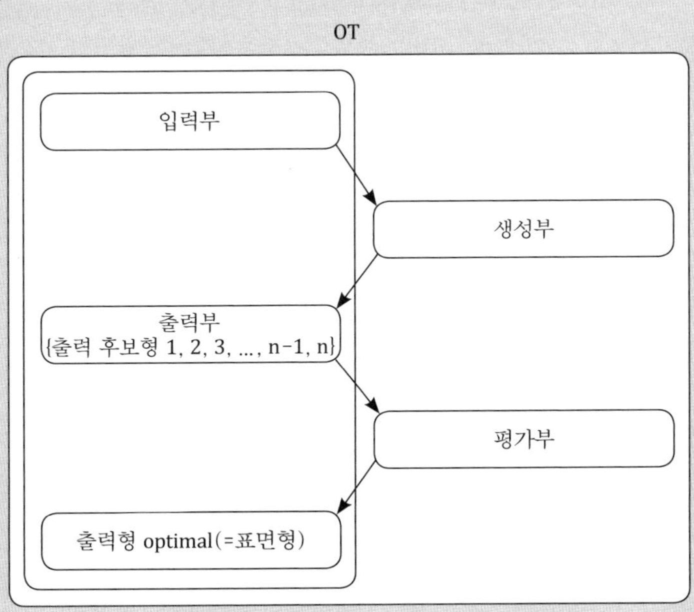

이때 출력부에 있는 출력 후보형들 모두가 출력형으로 인정되는 것이 아니라 최적 후보형만이 그러하다. 이 선택과정을 담당하는 것이 평가부(Evaluator)에 속해 있는 적형성제약(well-formedness constraint)들이다. 이 제약들에 의해 최적 후보형이 최종 출력형, 즉 표면형으로 선택된다.

OT의 적형성제약과 *SPE*의 규칙은 음운구조에 대한 의미 있는 일반성(significant generalization)을 포착하는 기술(statement)이라는 점에서는 공통점이 있다. 하지만 제약은 음운구조의 일반성에 대한 상대적이고 위반 가능한 형식화라고 할 수 있는 반면, 규칙은 절대적이고 위반할 수 없는 형식화다. 즉 OT에서는 음운구조가 특정 제약이 규정하는 구조일 수도 있지만, 그렇지 않을 수도 있다. 하지만 *SPE*에서는 음운구조가 특정 규칙의 구조기술을 만족시킨다면 반드시 그 규칙이 요구하는 구조로 변화되어야 한다. 따라서 제약은 상대적 일반성을 기술하는 이론적 기제인 반면, 규칙은 절대적 일반성을 기술하는 기제라고 할 수 있다. 그리고 제약은 출력부에 있는 출력 후보형의 적형성을 평가하는 것인 반면, 규칙은 입력부가 출력부로 도출되도록 일방적으로 강제하는 것이다. 이런 점에서 OT의 적형성제약과 *SPE*의 규칙은 큰 차이가 있는 것이고, 적형성제약이 규칙을 단순히 다른 명칭으로 전환한 것에 다름 아니라는 오해는 불식되어야 할 것이다.

OT에서 상정하는 적형성제약을 크게 두 가지로 구분할 수 있는데, 하나는 출력부에 속해 있는 출력 후보형의 음운구조에 대한 적형성을 평가하는 제약, 즉 유표성제약(markedness constraint)이고, 다른 하나는 입력부와 출력부의 연관성에 대한 적형성을 평가하는 충실성제약(faithfulness constraint)이다. 이 두 적형성제약의 예를 살펴보면 아래와 같다.

4.4.4

a. 유표성제약	b. 충실성제약
i. *NC	i. MAX-IO
ii. *CC...	ii. DEP-IO

충실성제약을 어떻게 규정하느냐에 따라 대응이론(Correspondence Theory)과 함유이론(Containment Theory)으로 구별하는데, 위에 소개한 MAX-IO와

DEP-IO 등의 충실성제약을 도입하는 이론이 대응이론이고, PARSE, FILL과 같은 충실성제약을 도입하는 이론이 함유이론이다. PARSE와 FILL은 아래와 같이 정의할 수 있다.

4.4.5

a. PARSE: 입력형의 음운요소들은 반드시 출력형에서 구조화되어야 한다.

b. FILL: 음운구조는 반드시 음운요소로 채워져야 한다.

이러한 제약들은 위계순서를 가지고 있는데, 상위에 위치하는 제약을 위배하는 것이 하위에 있는 제약을 위배하는 것보다 더 치명적이다. 따라서 다른 모든 것이 동일한 경우, 상위제약을 위배하는 후보형보다 하위제약을 위배하는 후보형이 제약위계를 더 잘 만족시키는 것이기 때문에 출력형으로 선택된다.

4.4.6

a. 제약위계: α제약 ≫ β제약 ≫ γ제약

b. A후보형(최적 후보형: 출력형)

/입력형/	α제약	β제약	γ제약
☞ A후보			*
B후보		*!	
C후보	*!		

〈4.4.6〉에서 보듯이 세 후보형이 모두 하나의 제약을 위배하고 있다는 점에서는 동일하다. 하지만 각 후보형이 위반한 제약이 제약위계에서 차지하는 위치가 다르다. C후보형이 위반한 제약은 위계상 최상위에 있고, B후보형이 위배한 것은 차상위에, 마지막으로 A후보형이 위반한 제약은 최하위에 위치한다. 따라서 최하위 제약을 위배한 A후보형이 〈4.4.6a〉의 제약위계를 최소한으로 위배한 것으로 평가되고, 따라서 제약위계를 가장 잘 만족시킨 최적형이 되어 표면형이 된다.

위계성(ranking)을 갖는다는 것과 아울러 위배성(violability)을 보인다는 것도 적형성제약의 특성이 된다. 〈4.4.6〉에서 A후보형은 모든 제약을 다 만족시키는 것이 아니라 γ제약을 위배하고 있다. 그런데 γ제약을 위배하더라도 A후보형은 표면형이 될 수 있다. 제약 위배성을 상정하지 않는다면 A후보형도 모든 제약을 다 만족시키는 것이 아니기 때문에 완전한 후보형이 될 수 없어 최적형이라고 말하기 어렵게 된다.

제약의 평가대상이 되는 출력부는 출력 후보형으로 구성되는데 이 후보형 중에 최적형이 존재하고, 이 최적형은 음절을 포함한 음운구조가 부여된 표면형으로서 이 음운구조가 특정한 규칙이나 제약 또는 나중에 일어나는 수선책략(repair strategy)을 통해 부여되는 것은 아니라는 원칙을 OT는 가정한다. 이것이 포함성 원칙(Principle of Inclusiveness)이다. 그리고 출력부에 있는 출력 후보형은 제약에 의해서 병렬적으로 평가되는데 이 점은 병렬 원칙(Principle of Parallelism)에 의해서 실현된다. 지금까지 살펴본 적형성제약과 관계되는 원칙을 요약하면 아래와 같다(Prince & Smolensky 1993, 2004; McCarthy & Prince 1993a).

4.4.7

a. 위배가능성

제약은 위배할 수 있다. 그렇지만 이 위반은 최소한이어야 한다.

b. 위계성

제약은 개별 언어에 따라 위계가 정해지고, 위계에 의해 최소 위배라는 개념이 정의된다.

c. 포함성

제약위계의 평가 대상인 후보형의 운율구조는 구조기술과 구조변화를 갖추고 있는 구체적인 규칙이나 수선책략에 의해서 단계적으로 부여되는 것이 아니라 구조의 적형성에 관한 전체적인 고려에 의해서 한꺼번에 주어지고, 출력 후보형 중에 반드시 운율구조를 제대로 갖춘 후보형이 포함되어야 한다.

d. 병렬 원칙

출력형은 제약에 의해 병렬적으로 평가된다.

OT는 제약 중심 이론으로서 입력부와 출력부, 생성부, 평가부 등 네 가지 부문을 상정하고 있다. 입력부와 관계되는 원칙으로는 어기풍부성 원칙(Richness of the Base Principle)과 어휘부 최적화(Lexicon Optimization) 등이 있고, 출력부는 제약 체계를 구성원으로 갖는 평가부에 의해 평가를 받는데, 이 평가부와 관계되는 원칙으로는 엄격위계성(Strict Dominance)이 있다. 네 부문 중에서 가장 연구가 덜 된 부분이 생성부라고 할 수 있다. 생성부는 특정 입력형에 대한 출력 후보형을 생성하는 역할을 하는 것으로 OT는 가정하지만, 이 부문이 수행하는 생성과정이 어떠한 제어장치와 원칙에 의해 이루어지는지 정확하고 명확한 설명 없이 블랙박스처럼 신비스러운 상태로 OT는 남겨 두고 있다. 따라서 앞으로 생성부를 규제하는 원칙과 기제가 어떠한지가 중요한 연구과제가 될 수 있다. 이미 연쇄후보 최적성이론(Optimality Theory-Candidate Chain, OT-CC)은 생성부를 주류 OT와 다르게 가정하고 있다. 여기서 더 자세한 논의는 하지 않기로 한다.

지금까지 살펴본 바로 최적성이론은 규칙과 도출을 중심으로 한 기존의 이론과는 현격한 차이가 난다는 것을 알 수 있다. 최적성이론은 1990년대 초에 주창된 이후, 지금까지 가장 영향력이 있는 음운이론으로 자리매김하고 있다. 하지만 이 이론도 여러 가지 문제점을 가지고 있다. 특히 불투명성(opacity) 문제는 최적성이론이 더는 진전되지 못하게 하는 걸림돌이 되고 있다. 불투명성 문제를 해결하기 위해서 최적성이론 내에 여러 가지 제안이 있었다. McCarthy(1998)의 공감이론(Sympathy Theory), Rubach(1997)의 도출 최적성이론(Derivational Optimality Theory)과 Kiparsky(2000)의 어휘음운형태론적 최적성이론(LPM Optimality Theory),[12] 그리고 McCarthy(2007)의 연쇄후보 최적성이론 등을 예로 들 수 있다. 하지만 이러한 여러 가지 이론은 불투명성 문제를 해결하는 과정에서 최적성이론 자체에 대한 회의를 가져오게 하고 있다. 앞으로 불투명성 문제를 어떻게 해결할 수 있는가 하는 것이 최적성이론이 계속해서 가장 영향력 있는 음운이론으로서의 자리를 유지할 수 있는지에 대한 최고의 방향타

12) LPM Optimality Theory는 층위 최적성이론(Stratal OT)이라고 달리 표현할 수 있다.

가 될 것이다.

지금까지 우리는 영어의 자음과 모음, 그리고 강세에 대해서 이해할 수 있었고, 음운론의 기본적 개념과 발전에 대해서 충분히 알 수 있었다. 다음 장부터는 영어의 여러 방언에서 발견되는 구체적인 영어 음운현상을 소개하고자 한다.

제5장

영어방언음운론 I: 자음음운론

이 장에서는 다양한 영어의 방언에서 나타나는 자음 음운현상에 대해서 살펴보고자 한다. 기존의 연구에서 언급되지 않은 현상들이 많다는 것을 알 수 있을 것이다. 여기서 사용하는 음운현상의 명칭은 Wells(1982)와 Roca(1999) 등 여러 문헌을 참조하여 가장 일반적인 것을 따르기로 한다.

5.1 s-유성음화(s-Voicing)

s-유성음화는 무성 치경 마찰음 [s]와 유성 치경 마찰음 [z] 사이에 일어나는 교체현상(alternation)을 가리킨다. 이 두 자음 사이에 일어나는 교체현상은 Chomsky & Halle(1968)를 비롯한 많은 영어음운론 연구 문헌에서 다루어져 왔다. [s]와 [z] 두 자음 중에 어떠한 것이 기저형이냐는 물음에 Chomsky & Halle를 비롯한 대부분의 영어음운론 연구자들은 무성음 /s/를 기저음으로 상정하고 있다. 그러나 기저음에 대한 이런 가정에 대해 문제를 제기하는 연구도 있다(Lee, 2002 참조).

대부분의 영어음운론 연구자들의 주장을 따르면, 기저음 /s/가 강세를 가지는 음절의 장모음(long vowel)과 전설 모음 [ɪ] 사이에 올 때 유성 치경 마찰음 [z]로 바뀌는 것을 s-유성음화 현상이라고 한다. 이 음운현상은 〈5.1.1〉 예에서 확인할 수 있다.

5.1.1

a. /s/	b. [z]
fanta**s**y	fanta**s**ia
Cauca**s**us	Cauca**s**ian
gymna**s**tics	gymna**s**ium
Malthu**s**	Malthu**s**ian

전통적 규칙 중심 생성음운이론의 틀 안에서 이 현상을 설명하기 위해서는 아래와 같은 형식화된 음운규칙(phonological rule)에 의존할 수 있다.

5.1.2

/s/ → [z] / VV_______V

하지만 이 규칙의 구조기술을 만족시킨다고 해서 s-유성음화가 다 일어나는 것은 아니다. 아래서 보는 바와 같이 장모음과 단모음 사이에 있는 /s/가 유성음이 되지 않고 그대로 유지될 수도 있다.

5.1.3

a. /s/	b. [s]
do**s**e	do**s**age
obe**s**e	obe**s**ity
ba**s**e	ba**s**ic

s-유성음화가 음운환경만 충족하면 무조건 일어나는 현상이라고 본다면, 아래의 예에서 발음되는 [z]도 s-유성음화의 결과라고 주장할 가능성이 있다.

5.1.4

music　　poison　　weasel

s-유성음화를 〈5.1.4〉에서처럼 비파생어에도 일어나는 현상으로 볼 경우 아래의 예에서 이 현상이 일어나지 않는 것을 설명하기가 어렵다.

5.1.5

basin　　mason　　thesis

이처럼 영어음운론 문헌에서 자주 언급된 s-유성음화 현상은 쉽게 기술되어 온 것과는 달리 고려해 볼 사항이 많은 영어 음운현상이라고 할 수 있다. 이 음운현상은 기저표상(underlying representation)의 추상성 문제와 관련해서 더 많은 연구가 필요하다고 할 수 있다. 어휘음운론(Lexical Phonology)에서는 이 음운현상이 파생음운환경효과(Derived Environment Effect)와 관련되는 것으로 취급하고 있다.

탐구문제

1. 최적성이론(Optimality Theory)에서 s-유성음화 현상을 다룬 문헌으로는 어떤 것이 있는지 찾아보자. 예: Lee(2002).
2. 규칙 〈5.1.2〉를 최적성이론의 제약(constraint)으로 어떻게 포착할 수 있는지 Kager(1999)에 언급된 제약을 이용해서 형식화해 보자.
3. Kiparsky(1968)와 Hyman(1970)을 읽어 보고, 추상적 기저표상과 구체적 기저표상에 대한 논쟁의 핵심이 무엇인지 알아보자.
4. 1980년대 유행한 어휘음운론(Lexical Phonology)에 대해서 살펴보고, 파생음운환경효과(Derived Environment Effect)가 무엇인지 말해 보자.

5.2 연구개연화(Velar Softening)

연구개 폐쇄음(velar stop) [k, g]와 설정음(coronal)인 [s, ʤ] 사이에 일어나는 교체현상을 연구개연화라고 한다. Chomsky & Halle에 의하면, 기저음 /k, g/가 비저모음(nonlow vowel) 앞에서 각각 [s, ʤ]로 발음되는 현상을 연구개연화라고 한다. 이 음운현상의 예를 들어 보면 아래와 같다.

5.2.1

a. /k/ → [s]

electri**c**	electri**c**ity
opa**q**ue	opa**c**ity
authenti**c**	authenti**c**ity
empiri**c**al	empiri**c**ism
skepti**c**al	skepti**c**ism
criti**c**al	criti**c**ism
publi**c**	publi**c**ity
medi**c**al	medi**c**ine

b. /g/ → [ʤ]

pedago**g**ue	pedago**g**ic
prodi**g**al	prodi**g**y
re**g**al	re**g**icide
fun**g**us	fun**g**ivorous

연구개연화 현상은 ⟨5.2.2⟩와 같은 규칙으로 포착할 수 있다. 물론 이 규칙은 변별자질(distinctive feature)을 이용해 하나의 통합된 규칙으로 형식화할 수 있지만, 여기서는 이 정도 수준의 형식화로 충분할 것이다.

5.2.2

a. /k/ → [s] / ______ $V_{[-\text{low},\ -\text{back}]}$

b. /g/ → [ʤ] / ______ $V_{[-\text{low},\ -\text{back}]}$

이 규칙의 구조기술을 만족시킨다고 연구개연화가 다 일어나는 것은 아니다. 예를 들면 anarchist 같은 경우에는 기저음 /k/가 비저모음 앞에서 예상되는 [s]가 아니라 연구개 무성폐쇄음 [k]로 실현된다.

한편, 연구개연화 현상과 관련하여 기저표상의 추상성 문제도 발생한다. Chomsky & Halle(1968)는 추상적 기저표상을 상정해서 reduce, induce 같은 단어들에서 연구개연화 현상이 일어난다고 주장한다. 어말에 추상적인 비저모음 /E/를 상정하고, 연구개연화 현상이 일어난 다음에 추상적 모음이 어말에서 탈락한다는 것이다. 이러한 주장은 기저표상이 얼마만큼 추상적이어야 하는지에 대한 논쟁을 야기하였다.

탐구문제

1. Trubetzkoy, Jakobson, Halle 등 프라그학파에서 주창한 변별자질론에 대해서 알아보자.
2. 〈5.2.2〉의 규칙을 변별자질을 이용하여 하나로 통합해 보자.
3. 단어 reduce, induce, recede, receive와 각각 관련되는 단어를 찾아보고, 그중에 [k]로 발음되는 단어들을 일대일로 대응시켜 보자.
4. 연구개연화 현상의 반례를 더 찾아보자.

5.3 마찰음화(Spirantization)

치경폐쇄음(alveolar stop) [t, d]와 치경 무성 마찰음(alveolar voiceless fricative) [s] 사이에 일어나는 교체현상을 마찰음화라고 한다. 이 현상도 Chomsky & Halle 이후에 생성음운론의 틀 안에서 많이 다루어졌다. 기저음 /t, d/가 전설고모음 앞에서 [s]로 발음 나는 현상인데, 이것을 규칙으로 나타내면 아래와 같다.

5.3.1

/t, d/ → [s] / _______ $V_{[+high, -back]}$

이 규칙으로 아래와 같은 단어의 발음을 설명할 수 있다.

5.3.2

a. /t/ → [s]

permi**t**	permi**ss**ive
residen**t**	residen**cy**
vacan**t**	vacan**cy**
secre**t**	secre**cy**
pira**t**e	pira**cy**
presiden**t**	presiden**cy**
litera**t**e	litera**cy**

b. /d/ → [s]

eva**d**e	eva**s**ive
divi**d**e	divi**s**ive
inclu**d**e	inclu**s**ive

그 밖에도 /t, d/를 뒤따르는 모음이 전설 고모음이 아닌 경우에도 마찰음화가 일어난다.[1)]

5.3.3

a. 기저음 /t/

Egyp**t**ian
exemp**t**ion
dele**t**ion
extinc**t**ion
inven**t**ion
torren**t**ial
par**t**ial
contor**t**ion
presiden**t**ial

b. 기저음 /d/

deci**s**ion
exclu**s**ion
delu**s**ion
divi**s**ion
allu**s**ion
explo**s**ion
ero**s**ion
inva**s**ion

1) 〈5.4〉에서 다시 기술하겠지만, 〈5.3.3〉의 예들은 마찰음화가 일어난 뒤 구개음화가 일어나서 /t/는 [ʃ]로 /d/는 [ʒ]로 구현되었다고 Borowsky(1986)는 분석하고 있다.

Borowsky(1986)에 의하면 〈5.3.3〉에서 보듯이 후행하는 음이 전설고모음이 아닌 경우에 마찰음화가 일어난다. 이 경우는 전설고모음이 아니라 전이음 /y/를 기저음으로 상정할 수 있다. 이 기저음을 Borowsky는 음절화되지 않는 [ɪ]라고 주장한다. 이 예들은 마찰음화를 겪은 후 구개음화 현상을 겪는 것으로 설명할 수 있다. Egyptian, deletion, decision, 그리고 evasion 등에서 기저형 /t, d/가 마찰음화가 일어나면 [s]가 되어야 하지만 [ʃ, ʒ]로 구현된다. 이때 일어나는 현상이 구개음화다.

탐구문제

1. 규칙순서의 중요성에 대해서 살펴보고, 〈5.3.3〉의 예에서 구개음화가 먼저 일어나면 표면형이 어떻게 예측될지 논의해 보자.
2. 〈5.3.3〉의 예 중에 몇 개를 골라 기저표상을 나타내 보자.

5.4 구개음화(Palatalization)

영어음운론에서의 구개음화란 miss you와 in case you are in danger 등에서 보듯이 치경 장애음(alveolar obstruent) /s, z, t, d/가 뒤따르는 전이음 /y/의 영향에 의해서 각각 구개치경음(palato-alveolar) [ʃ, ʒ, ʧ, ʤ]로 발음되는 음운현상을 말한다.

5.4.1

a. I'll mi[ʃ] you.

b. Ha[ʒ] your dog eaten it?

c. Glad to mee[ʧ] you.

d. I nee[ʤ] your help.

구개음화 현상에 대한 연구는 생성음운론의 틀 안에서 Chomsky & Halle(1968)에 의해 이루어진 이후 Rubach(1984), Halle & Mohanan(1985), Borowsky(1986) 등에 의해 많이 행해졌다.

구개음화는 구에서만 일어나지 않고, 단어 내에서도 발견된다. 아래에서 확인할 수 있는 바와 같이 한 단어 내에서 기저음 /s/가 전이음 /y/의 영향으로 [ʃ]가 된다.

5.4.2

/s/	[ʃ]
space	spacious
grace	gracious
tense	tension
press	pressure
race	racial
artifice	artificial
profess	profession

마찬가지로 /z/가 /y/의 영향으로 구개치경음 [ʒ]가 되는 구개음화 현상은 한 단어 내에서도 일어난다.

5.4.3

confuse	confusion

또한 기저음 /t, d/도 한 단어 내에서 전이음 앞에서 [ʧ, ʤ]가 된다.

5.4.4

a. /t/	[ʧ]
habi**t**	habi**t**ual
diges**t**	diges**t**ion
beas**t**	bes**t**ial
ques**t**	ques**t**ion
b. /d/	[ʤ]
gra**d**e	gra**d**ual
cre**d**it	cre**d**ual

기저형 /t/는 〈5.3〉에서 살펴본 바와 같이 $\_\_V_{[+high,\ -back]}$ 환경에서 마찰음화 현상을 겪는다. 이 현상의 결과로 나타나는 [s, z]는 구개음화 현상에 의해서 [ʃ, ʒ]로 발음된다.

5.4.5

/t/	[ʃ]
a. Egyp**t**	Egyp**t**ian
b. exemp**t**	exemp**t**ion
c. dele**t**e	dele**t**ion
d. extinc**t**	extinc**t**ion
e. inven**t**	inven**t**ion
f. torren**t**	torren**t**ial
g. par**t**	par**t**ial
h. presiden**t**	presiden**t**ial

기저형 /d/도 동일한 환경에서 마찰음 [z]가 되고, 이 마찰음이 구개음화 현상에 의해 [ʒ]로 실현된다.

5.4.6

/d/	[ʒ]
a. deci**d**e	deci**s**ion
b. exclu**d**e	exclu**s**ion
c. delu**d**e	delu**s**ion
d. divi**d**e	divi**s**ion
e. allu**d**e	allu**s**ion
f. explo**d**e	explo**s**ion
g. ero**d**e	ero**s**ion
h. inva**d**e	inva**s**ion

규칙기반(rule-based) 생성음운론의 틀 안에서 영어의 구개음화 현상을 분석한 대부분의 연구는 구개음화 현상을 두 개의 음운규칙을 통해 설명한다. 즉, 장애음 /s, z, t, d/가 전이음의 영향으로 구개치경음(palato-alveolar) [ʃ, ʒ, ʧ, ʤ]가 되도록 하는 구개음화 규칙과 이 규칙의 음운환경으로 중요한 역할을 하는 전이음을 탈락시키는 y-탈락(y-deletion, yod-deletion) 규칙을 상정한다. 이 두 규칙이 정해진 순서에 의해서 적용될 때 구개음화 현상이 일어난다고 설명한다. 두 개의 음운과정을 거친다는 것이 이 설명의 핵심이다.

5.4.7

a. 구개음화 규칙 s, z, t, d → ʃ, ʒ, ʧ, ʤ / ______ y

b. y-탈락 규칙 y → Ø / ʃ, ʒ, ʧ, ʤ ______

하지만 두 개의 음운과정의 결과로 구개음화 현상이 일어났다고 설명하는 대신 하나의 음운과정을 겪는 것으로 이 현상을 분석할 수도 있다. 이러한 분석은 제약기반 생성음운이론인 최적성이론에서 주로 채택되는데, 이 분석에 의하면 구개음화 현상은 두 개의 음이 하나로 융합(coalesce)되는 것이다. 즉, 치경음이 전이음과 합쳐져 하나의 구개치경음으로 된다.

5.4.8

s, z, t, d + y → ʃ, ʒ, ʧ, ʤ

이렇게 본다면 영어의 방언변이에 초점을 둔 연구에서 가끔 사용하는 용어인 Yod-융합(Yod-coalescence)을 쓰는 것이 기존의 구개음화라는 용어보다 더 적절하다고 말할 수도 있다.

Yod-융합은 전이음이 /t, d/와 합해져 각각 파찰음 [ʧ], [ʤ]로 변하는 현상을 지칭하기 위해 주로 사용되었다. 이 현상의 예는 위에서 언급한 구개음화와 거의 차이가 나지 않는다.

5.4.9

concep**t**ual, even**t**ual, habi**t**ual, percep**t**ual, gra**d**ual, resi**d**ual, indivi**d**ual, resi**d**ual, fu**t**ure, depar**t**ure, litera**t**ure, no**d**ule, for**t**une, vir**t**uous, adven**t**urous, impe**t**uous, deci**d**uous, ar**d**uous, incre**d**ulous, impor**t**unate, cons**t**itutive

따라서 기존 영어음운론 문헌에서 사용하던 구개음화라는 용어 대신 /t, d/뿐만 아니라 /s, z/를 포함하는 장애음이 전이음과 결합되는 현상을 Yod-융합이라고 정의하고 이 용어를 사용할 수도 있을 것이다. 하지만 용어를 통한 논지 전개가 명확해지지 않는 것을 막기 위해 여기서는 구개음화라는 용어를 계속해서 사용하고자 한다.

치경 장애음 /s, z, t, d/가 전이음 y와 결합해서 각각 구개치경음 [ʃ, ʒ, ʧ, ʤ]로 되는 구개음화 현상은 영어음운론 문헌에서 많이 다루어졌지만, 그 밖의 구개현상에 대해서는 별로 언급되지 않았다. 영어 방언에서 발견되는 기타 구개현상에 대해서 간단히 살펴보고자 한다.

일부 방언에서 치경음뿐만 아니라 연구개 폐쇄음 /k/가 무성 구개 폐쇄음(voiceless palatal stop)인 [c] 또는 무성 구개 마찰음 [ç]으로 된다. 이 음운현상도 구개음화라고 할 수 있다.

5.4.10

a. /k/ → [c, ç] / [-back, +high] ______

b. ki**ck**

이 현상은 남아일랜드 영어에서 발견된다. 앞에서 언급한 구개음화 현상과는 달리 전설모음 뒤에 연구개 폐쇄음이 올 때, 두 음이 하나로 융합되는 것이 아니라 모음은 그대로 유지되고 폐쇄음만 구개음으로 변한다.

또 다른 종류의 구개음화 현상이 있는데, /k/가 비후설 저모음(nonback low vowel) 앞에서 구개 폐쇄음 [c]가 되는 음운현상이 그것이다.

5.4.11

a. /k/ → [c] / ______ [-back, +low]

b. **c**ab, **c**an, **c**at

이 음운현상은 북아일랜드 얼스터(Ulster) 영어에서 발견된다.

폐쇄음뿐만 아니라 마찰음도 일종의 구개음화 현상의 적용대상이 된다. 남아일랜드 영어에서 /s, z/가 다른 자음 앞에서 [ʃ, ʒ]가 되는데, 이 현상도 일종의 구개음화라고 할 수 있다.

5.4.12

a. /s/ → [ʃ] / ____ C　　　**s**tar, fi**s**t, ca**s**tle

b. /z/ → [ʒ] / ____ C　　　wi**s**dom, pu**zz**le

장애음(obstruent)만 구개음으로 변하는 것이 아니라 공명음(sonorant)도 구개음이 될 수 있다. 북아일랜드의 스코틀랜드계 아일랜드인들이 사는 지역의 영어 방언에서는 /n, l/이 전이음 /y/와 합쳐져 각각 구개음 [ɲ, ʎ]이 된다.

5.4.13

a. /n/ → [ɲ] / ___ y   u<u>n</u>ion, o<u>n</u>ion

b. /l/ → [ʎ] / ___ y   mi<u>ll</u>ion, bi<u>ll</u>ion

심지어 이 방언에서는 전이음이 아니라 모음 앞에서도 /n, l/이 구개음이 되기도 한다.

5.4.14

a. /n/ → [ɲ] / ___ V <u>n</u>early

b. /l/ → [ʎ] / ___ V ga<u>l</u>ore

이처럼 영어 방언을 살펴보면 좀 더 다양한 종류의 구개음화 현상이 영어에 존재한다는 것을 알 수 있다.

탐구문제

1. 규칙순서가 무엇인지 Chomsky & Halle(1968)와 Roca(1999)를 찾아서 알아보자.
2. 마찰음화 현상과 구개음화 현상의 규칙이 바뀌면 〈5.4.5〉와 〈5.4.6〉의 단어들이 어떻게 발음되는지 도출과정(derivation)으로 나타내 보자.
3. 강세와 구개음화 현상과의 연관성을 나타내 주는 증거를 찾아보자.

5.5 Yod-탈락(Yod-Dropping)

전설 전이음 [y]는 앞에서 살펴본 바와 같이 구개음화를 야기하는 촉발자(trigger) 역할을 한다. 하지만 때로 이 전이음은 선행하는 자음에 영향을 행사하지 않고 자신만 탈락하기도 한다. 이 음운현상을 Yod-탈락이라고 한다.

영국 남부의 동앵글리아(East Anglia) 영어에서는 어두에 위치하는 y를 제외한 광범한 음운환경에서 Yod-탈락 현상이 나타난다.

5.5.1

a. 치경음 뒤: suit, resume, tune, duke, new

b. 순음 뒤: pure, beauty, music, few, view

c. 연구개음 뒤: accuse

d. 성문 마찰음 뒤: huge

Yod-탈락 현상은 방언 간의 변이를 보여 주는 대표적인 음운현상이다. 방언에 따라서 전이음이 탈락하는 음운환경이 다르다. 예를 들면 용인된 방언(Received Pronunciation, RP)에서 /s/ 뒤의 y가 탈락되고(예: suit), 코크니 영어에서 치경폐쇄음 /t, d, n/ 뒤에서 y가 발음되지 않고(예: tune, duke, new), 런던의 노동자들이 쓰는 영어에서 /n/ 뒤의 y가 탈락한다(예: pneumonia). 스코틀랜드 영어에서는 Yod-탈락 현상이 /l, s/ 뒤에 오는 경우에 일어나고, 남아일랜드 영어에서는 비강세 음절에서 잘 일어난다. 이 현상에 대해서는 앞으로 더 많은 연구가 필요할 것이다.

탐구문제

1. Yod가 무슨 뜻인지 찾아보자.
2. 동앵글리아 영어, 용인된 방언, 코크니 영어, 스코틀랜드 영어, 그리고 남아일랜드 영어에 대해 좀 더 조사해 보자.

5.6 탄설음화(Flapping, Tapping)

치경폐쇄음 /t, d/가 강세를 가지는 모음과 강세를 가지지 않는 모음 사이에서 탄설음 [ɾ]로 발음 나는 현상을 탄설음화라고 한다. 이 음운현상은 Kahn(1976)이 음운론에서 음절이 중요한 초분절음적 단위가 되어야 한다고 논증하기 위해 이용한 중요한 음운현상 중의 하나다. 칸 이후에 생성음운론의 틀 안에서 영어음운론을 분석하는 연구에서 많이 다루어져 왔다.

탄설음화 현상은 아래에서 보듯이 한 단어 안에서뿐만 아니라 단어 경계를 넘어서도 일어난다.

5.6.1

a. writer, butter, atom, shouted

b. shut up, got it, get Anne, ate up, what a .., but a .., get a job

이러한 이유로 1980년대를 풍미한 어휘음운론(Lexical Phonology)에서는 이런 현상을 어휘후부 음운론에서 일어나는 것으로 분석하였다(Kiparsky, 1982; Halle & Mohanan, 1985).

탄설음화 현상을 보이는 영어 방언의 예를 들면 코크니 영어, 리버풀(Liverpool) 영어, 웨일스의 카디프(Cardiff) 지방 영어, 미국의 일반 영어(General American), 캐나다 영어, 남아프리카 영어를 들 수 있다. 이 중 코크니 영어와 웨일스의 카디프 지방 영어, 그리고 남아프리카 영어에서는 d-탄설음화는 일어나지 않고 t-탄설음화만 일어난다. 그리고 캐나다 영어에서는 d-탄설음화만 일어난다.

캐나다 영어에서 무성음 /t/는 탄설음이 아닌 유성 폐쇄음 [d]가 된다. 이 현상을 t-유성음화 현상이라고 한다. 이 음운현상은 호주 영어에서도 발견된다.

5.6.2

t-유성음화(t-Voicing)

a. atom [d]

b. matter=madder

c. petal=pedal

d. I hit it=I hid it

치경폐쇄음 /t, d/뿐만 아니라 /r/도 탄설음이 되기도 하는데, 이 현상을 r-탄설음화(r-tapping)라고 한다.

5.6.3

very [vɛɾi], sorry, marry, far off, pair of shoes [ɾ]

r-탄설음화는 용인된 발음에서 발견된다. U-RP에서는 때때로 자음군에 있는 /r/도 탄설음이 된다(예: three crates). 잉글랜드의 북부지방 브래드포드(Bradford)를 포함한 북영국 영어에서는 모음 사이 이외의 환경들에서도 이 현상이 일어난다.

5.6.4

a. 순음 뒤	pray, bright, frog
b. 치음 뒤	three

리버풀 영어 사용자 중에서도 모음 사이(예: ferry, hurry, cigarettes) 이외의 음운환경에서 r-탄설음화를 보인다.

5.6.5

a. /θ/ 뒤	three, through
b. 순음 뒤	breathe, fresh
c. /g/ 뒤	grass

치경 비음 /n/이 탄설음이 되기도 하는데, 이 현상을 n-탄설음화라고 한다.

5.6.6

fu**nn**y [fʌɾi]

기저의 /t/가 t-탄설음화를 겪어 탄설음이 되고 나서, 이 음이 수의적으로 탈락하기도 한다. 이 현상을 탄설음 탈락현상(flap deletion)이라고 한다: kitty [kɪɾi] 또는 [kɪi]; hitting [hɪɾĩŋ] or [hĩĩŋ].[2)]

탐구문제

1. 폐쇄음 탄설음화를 공명음화(sonorization)라고 말한 Kenstowicz(1994)를 찾아서 왜 그렇게 지칭했는지 알아보자.
2. 초분절음적 단위에는 어떤 것이 있는지 알아보자.

5.7 성문음화(Glottaling)

성문음화란 무성파열음 /p, t, k/가 특정 음운환경에서 성문음 [ʔ]으로 발음되는 음운현상을 말한다.

5.7.1

su**pp**er [səʔə], foo**t**ball [fʊʔbɔl], sho**ck** [ʃɔʔ]

2) [hĩĩŋ]에서 더 나아가 nasalization이 퍼져 [h̃ĩĩŋ]이 되기도 한다.

여기서 특이한 것은 t-성문음화 현상은 방언에 따른 변이(variation)를 보이는데, 이 방언변이는 음운환경에 좌우된다.

5.7.2

음운환경	자료 예	방언 예
a. V ___ # C	*quite* [kwaɪʔ] *now* *quite good*	용인된 발음, 일부 미국 영어, 코크니 영어, 뉴욕 시 영어
b. V ___ # {L, S}	*at* [æʔ] *last* *quite likely*	용인된 발음, 일부 미국 영어, 코크니 영어, 뉴욕 시 영어
c. V ___ # V	*get* [gɛʔ] *up* *quite easy*	용인된 발음, 코크니 영어, 뉴욕 시 영어
d. V ___ #	*Quite!*	코크니 영어, 뉴욕 시 영어, 영국 남서부 영어(브리스톨 영어)
e. V ___ C	*football* [fʊʔbɔl] *witness* [wɪʔnɪs]	용인된 방언, 코크니 영어, 뉴욕 시 영어
f. V ___ {L, S}	*scotland* [skɔʔlænd] *mattress* [mæʔrɪs]	코크니 영어, 뉴욕 시 영어
g. V ___ [m̩, n̩, ŋ̍, l̩]	*bottom* [bʌʔm̩] *button* [bʌʔn̩] *bottle* [bʌʔl̩]	일부 미국 영어, 코크니 영어, 캐나다 영어
h. V ___ V	*later* [lɛɪʔə] *butter* [bʌʔər]	코크니 영어, 영국 동남부 영어

C: 무성폐쇄음, L: 비음절 측음(non-syllabic liquid), S: 반모음(semivowel), V: 모음

여러 영어 방언 중 코크니 영어에서는 가장 광범위한 음운환경에서 t-성문음화 현상이 일어난다.

이전 대부분의 영어음운론 문헌에서는 조음위치에 상관없이 무성 파열음의 성문음화를 하나의 균일한 음운현상으로 간주하였다. 그러나 〈5.7.2〉에서 보듯이 성문음화는 음운환경과 관련해서 약간의 방언 간 차이를 보이고 있다. t-성문음화와 마찬가지로 p/k-성문음화도 여덟 가지 음운환경에서 일어나긴 하는데, t-성문음화과 비교할 때 훨씬 적은 수의 방언에서 나타난다.

일부 영어 방언에서는 무성음뿐만 아니라 유성음도 성문음이 되기도 한다. 예컨대 코크니 영어의 경우 be[**ʔ**](bed) side의 예에서 나타나는 것과

같이 유성 치경 파열음 /d/는 단어경계나 음절경계에 위치하고 그다음에 자음이 뒤따르는 음운환경에서 성문음 [ʔ]로 변한다. 이 현상을 d-성문음화(d-glottalization)라고 한다.

대부분의 기존 영어음운론 문헌에서는 성문음화가 무성 폐쇄음에서만 일어나는 것으로 취급했는데, 코크니 영어에서는 마찰음도 성문음화 현상을 겪는다. 이 방언에서는 전방성(anterior) 마찰음 /f, v, θ, ð/가 [ʔ]로 변한다(예: sta**ff** [stæ**ʔ**]). 이 음운현상을 마찰음 성문음화(Fricative-Glottalization)라고 한다.

지금까지 성문음화 현상에 대해서 살펴보았다. 이 현상은 Carr(1999: 118)가 주장한 바와 같이 자음 약화현상(lenition)의 하나로 볼 수도 있다. 다음의 예를 살펴보자.

5.7.3

put it right [pʊʔɪʔɹaɪʔ]

구강음을 발음할 때는 구강에 있는 조음기관과 성문 조음기관이 동시에 움직여야 하지만, 성문음일 경우에는 구강의 조음기관은 움직이지 않은 채 성문 조음기관만 움직이면 되므로 발화시간과 발화노력이 적게 든다. 이런 점에서 성문음화는 약화현상의 한 종류라고 할 수 있다.

구강음이 성문음으로 변할 때 한 번에 바뀌지 않고 점진적으로 진행된다고 말할 수 있는데(Hayes, 1992; Koo, 2003), 이때 중간과정에 등장하는 현상이 후성문음화(post-glottalization)와 선성문음화(pre-glottalization)다.

5.7.4

what [wʌt] → [wʌtˀ] → [wʌˀt] → [wʌ**ʔ**]

⟨5.7.4⟩를 보면 첫 번째 단계에서 구강음의 방출국면(release phase)에 성문음이 부차적으로 나타나는데, 이 현상을 후성문음화라고 한다. 그다음 단계에서는 폐쇄국면(closure phase)에 성문음이 먼저 나타나고 구강에서 방출국면이 이어지는데, 이 현상을 선성문음화라고 한다.

기존의 영어음운론 문헌에서는 이 두 현상에 대한 논의를 거의 하지 않았다. 하지만 표면형에 나타나는 소리의 성격이 엄밀하게 다르고, 영어의 일부 방언에서는 중간과정에 나타나는 후성문음과 선성문음이 표면형으로도 나타난다. 예를 들면 코크니 영어에서는 〈5.7.2〉에서 언급한 여덟 가지 음운환경에서 t-성문음화뿐만 아니라 t-선성문음화가 변이적으로 일어난다. 그리고 스코틀랜드 영어, 영국 남서부 영어, 영국 노섬버랜드(Northumberland) 영어, 영국 북동부 영어, 북아일랜드 영어 등에서 무성 폐쇄음이 후성문음으로 발음되는 후성문음화 현상이 발견된다. 이런 점을 고려한다면, 선성문음화와 후성문음화 현상을 성문음화 현상과는 독립적으로 연구할 필요가 있을 것이다.

기저의 /t/가 t-성문음화를 겪어 성문 폐쇄음이 되었을 때, 이 성문 파열음이 삭제되는 현상이 나타나기도 한다. 이것을 성문음 탈락현상(glottal deletion)이라고 한다: button /bʌtn/ → [bʌʔn̩] or [bʌ̃n̩]. 이 현상은 선택적으로 일어나는 현상이다.

탐구문제

1. Kahn(1976)에서 성문음화 현상을 포착하기 위해 어떠한 음운규칙을 제안했는지 알아보자.
2. Hayes(1992)가 무성 치경폐쇄음이 말음의 위치에서 성문음이 될 때 점진적으로 이루어지는 약화현상이라고 말했는데 이 주장이 어떠한 맥락에서 이루어졌으며 무슨 의미인지 알아보자.
3. 구강음의 발화과정을 폐쇄국면(closure phase)과 방출국면(release phase)으로 나누는 것이 음운이론에 어떤 공헌을 하는지 알아보고, 이것을 형식화한 Steriade(1999)의 음표기를 살펴보자. 그리고 코크니 영어에서 watch[waˀʧ]와 batch[bæˀʧ] 등의 예에서 보는 바와 같이 선성문음화가 무성 파찰음 /ʧ/에서도 일어난다. 이 현상을 폐쇄국면과 방출국면으로 구강음을 형식화할 수 있는데, 이것을 어떻게 설명할 수 있는지 알아보자.

5.8 성문음 삽입(Glottal Stop Insertion)

용인된 발음 같은 영어 방언에서는 성문음이 어두에 삽입되는 현상이 나타나는데, 이 현상을 성문음 삽입 현상이라고 한다. 기저형에 존재하는 무성 파열음이 성문음이 되는 성문음화와는 달리 이 음운현상은 기저형에 없던 자음 하나가 삽입되는 현상이다.

5.8.1

a. [ʔ]ant 'ant'

b. [ʔ]emphasis 'emphasis'

탐구문제

1. 분절음이 다른 음으로 변하는 현상과 분절음이 삽입되는 현상을 어떻게 음절구조에 의거해서 설명하는지 알아보자.
2. 성문음 삽입 현상이 두 개의 층위, 즉 기저표상과 표면표상의 존재를 정당화시켜 주는지 논의해 보자.

5.9 어초 마찰음 유성음화(Initial Fricative Voicing)

마찰음 /f, θ, s/ 등이 어두에 위치할 때, 이 음들이 상응하는 동일 조음 유성음으로 발음되는 현상을 어초 마찰음 유성음화라고 한다.

5.9.1

a. farm /f/ → [v]

b. thing /θ/ → [ð]

c. scythe, see /s/ → [z]

이 음운현상은 데번(Devon)을 포함한 영국 남서부 영어와 웨일스의 가우어(Gower) 지방을 포함한 남서부 영어 등에서 발견된다. 이 방언에서는 three라는 단어와 같이 /θ/ 마찰음 뒤에 /r/이 따라오면 이 현상을 겪지 않고 파열음화를 겪는다: three [driː], *[ðriː].

탐구문제

1. 데번(Devon)에서 발견되는 다른 음운현상을 조사해 보자.
2. /r/이 [+continuant]라고 하면 three가 유성음화 현상을 겪지 않는 것을 어떤 식으로 설명할 수 있을까?

5.10 기식음화(Aspiration)

어두나 강세음절 두음의 위치에 무성 폐쇄음 /p, t, k/가 올 때 pan([$\mathbf{p}^h$æn]), tan([$\mathbf{t}^h$æn]), can([$\mathbf{k}^h$æn]) 등에서 확인할 수 있듯이, 촛불을 불어서 끌 때 나오는 것과 같은 공기방출이 이들 무성 폐쇄음과 함께 일어나는 음운현상을 기식음화(aspiration)라고 한다. Kahn(1976) 이후에 생성음운론의 틀 안에서 다루어진 영어 음운현상 중에 가장 많이 다루어진 것 중의 하나가 이 음운현상이다.

또한 음절이 분절 음운현상에 미치는 영향을 언급하거나 강세가 분절 음운현상에 영향을 주는 경우를 다룰 때 어김없이 나오는 음운현상이 기식음화다. 무성 마찰음 /s/ 뒤에 무성 폐쇄음이 올 경우에는 강세음절의 두음 위치에 온다 하더라도 기식음화 현상을 겪지 않는다: span[spæn], stan[stæn], scan[skæn]. 단어의 중간에서는 무성 폐쇄음이 무성 마찰음 /s/ 뒤에 올 때라 하더라도 강세를 가지는 음절의 두음에 위치한다면 기식음이 된다: dis[$\mathbf{t}^h$]inguish, dis[$\mathbf{t}^h$]aste.

이런 기식음화 현상은 방언변이를 보이는데, 리버풀 영어에서는 아주 강한 기식음화 현상을 보여서 심지어 무성 폐쇄음이 무성 파찰음(affricate)이 되기도 한다. 이에 반해 용인된 발음의 경우에는 상류층이 쓰는 말투에서는 약한 기식음화를 보인다. 그리고 스코틀랜드 영어, 남아프리카 영어 중 거친 말투, 앵글로-인도(Anglo-Indian) 영어에서는 기식음화 현상이 일어나지 않는다.

탐구문제

1. 단어 distinguish와 distaste에서 첫째 음절과 둘째 음절의 경계가 어디에 오는지 나타내 보아라.
2. 음절의 구성요소를 알아보자.

5.11 선기식음화(Pre-aspiration)

무성 폐쇄음이 어두에 올 때 기식음이 된다는 것을 살펴보았는데, 이 현상의 반경형상(mirror-image)을 보이는 음운현상이 있다. 즉, 무성 폐쇄음이 어두가 아니라 어말에 오는 경우에 기식방출이 방출국면이 아니라 폐쇄국면에서 나타나는데, 이 현상을 선기식음화라고 한다.

5.11.1

a. pa**t**[phæ^h**t**]

b. ca**t** [khæ^h**t**]

c. loo**k** [lu^h**k**]

이 음운현상은 스코틀랜드 북부 고지대에서 쓰는 영어[3]와 오크니 제도(Orkney Island), 셰틀랜드 제도(Shetland Island), 헤브리디스 제도(Hebrides) 같은 곳에서 사용하는 영어 등에서 발견된다.

이 음운현상을 감안한다면, 기존에 기식음화로 분류되던 현상은 후기식음화(Post-aspiration)라고 명명해야 타당할 것이다.

탐구문제

1. 방언연구가 음운이론의 발전에 공헌하는 바를 생각해 보자.
2. 음운현상에서 반경형상을 보여 주는 경우를 찾아보자.

5.12 h-탈락(h-Dropping, h-Deletion)

영어 단어 중에 <u>**k**</u>now, nig<u>**h**</u>t처럼 철자 상으로는 존재하지만, 발음이 되지 않는 경우가 있는데, 이러한 현상을 어떻게 분석할지에 대해서 여러 가지 주장이 가능할 것이다. 비록 철자가 발음되진 않지만 기저형에는 존재한다고 주장하는 것도 그중의 하나다. 이 주장은 철자가 음을 나타낸다는 전제로 가능하다. 예컨대 <u>**k**</u>now와 nig<u>**h**</u>t에서 밑줄 친 철자에 해당하는 기저음이 있고, 이 음이 도출과정에서 탈락한다고 주장할 수 있다.

이와 달리 각 단어는 임의적인 기저형을 가진다고 주장할 수 있다. 예컨대 know의 경우에는 kn-연쇄가 영어의 형태소 구조조건(Morpheme Structure Condition)을 위배하기 때문에 know에는 /k/가 기저음으로 존재하지 않는 반면, night의 경우에는 철자 'gh'에 해당하는 기저음이 있고 이 기저음이 중간 도출과정에서 탈락한다고 주장할 수 있다.

3) 스코틀랜드 북부 고지대에서 사용하는 영어는 게일어(Gaelic)의 영향을 받았다.

이처럼 영어음운론에서 기저형과 관련된 논의는 매우 복잡하다. 이런 측면에서, 음운론에서 철자를 중심으로 음운현상을 논의하는 것은 정통적인 방법이 아니지만, 경우에 따라서는 철자를 이용해서 음운현상을 기술하는 것이 영어음운론 입문자들의 이해에 도움이 될 수도 있다. h-탈락 현상이 그러한 예가 된다.

h-탈락 현상이란 **h**edge([eːʤ])의 예에서 확인할 수 있는 바와 같이 철자 h에 해당하는 기저음 /h/가 도출과정에서 탈락되는 음운현상을 말한다. 이 현상은 많은 중북부 영국 영어, 중부 랭카셔(Lancashire) 영어, 머씨사이드(Merseyside) 영어, 서북 중앙 영어, 험버사이드(Humberside) 영어, 웨일스 영어, 동남 영국 영어 등 많은 영어 방언에서 발견된다(Lee, 2007a 참조).

이 현상은 용인된 발음이나 일반 미국 영어 등 표준 영어 방언에서 강세를 가지지 않는 대명사(he, him, her, his)나 조동사(has, have, had)의 /h/가 탈락하는 것과는 구별된다. 대명사나 조동사 같은 기능어(function word)가 아닌 hit, hammer, happy, heat, hall, hair, half, harm, heart 등과 같은 내용어(content word)에서 일어나는 현상을 말한다.

탐구문제

1. 형태소 구조조건의 다른 예를 찾아보자.
2. 최적성이론에서는 형태소 구조제약 같은 것이 형태소 형성에 필요한 제약이라기보다는 표면형의 적형성을 평가하는 제약으로 사용된다. 이 차이가 음운이론에서 어떠한 의미를 가져오는지 알아보자.

5.13 h-삽입(h-Insertion)

철자 상으로는 h-탈락 현상과 반대로 h가 없는데, 표면형에서는 [h]가 음절 두음으로 나타나는 음운현상을 가리킨다. 맨체스터 영어와 뉴햄프셔 영어 등에서 이 현상이 일어난다.

5.13.1

[h]egg 'egg', [h]itch 'itch', [h]up 'up', my [h]eldest 'my eldest', duck [h]egg 'duck egg', [h]angel 'angel' (Lee, 2007a: 716-717)

이 음운현상이 일어나는 방언의 경우에는 h-탈락 현상도 동시에 일어난다. 하지만 반대의 경우는 사실이 아니다. 즉, h-탈락 현상이 일어나는 경우에 h-삽입 현상이 항상 일어나는 것은 아니다. 이러한 현상들을 통해서 Lee(2007a)는 방언을 세 가지 유형으로 분류한다. A유형 방언은 h-탈락 현상은 보이지만 h-삽입 현상은 발견되지 않고, B유형 방언은 h-탈락과 h-삽입 둘 다 일어나지 않고, C유형 방언은 h-탈락과 h-삽입 둘 다 일어난다.

탐구문제

1. 방언을 여러 가지 유형으로 분류할 때 어떤 기준이 적용될 수 있는지 알아보자.
2. h-삽입 현상을 규칙으로 나타내 보자.

5.14 h~ø 교체현상(h~ø Alternation)

모음과 모음 사이에 있는 /h/가 발음되기도 하고 발음되지 않기도 하는 현상을 h~ø 교체현상이라고 한다. 강세를 가지는 모음이 /h/ 뒤에 올 때는 [h]로 구현되지만, 강세가 /h/ 앞에 올 경우에는 [h]가 발음되지 않는다. 〈5.14.1a〉의 경우는 관련어 간에 강세 위치변화가 생길 때 이 교체현상이 일어나는 것을 보여 주고, 〈5.14.1b〉는 동일한 단어 내에서 강세의 위치가 수의적으로(optionally) 바뀔 때 h~ø 교체현상이 일어나는 것을 보여 준다.

5.14.1

a. ve[h]ícular　　vé[ø]icle
pro[h]íbit　　pró[ø]ibition

b. be[h]émoth　　bé[ø]emoth
Mo[h]ánan　　Mó[ø]anan

교체현상, 즉 관련어 간에 h가 발음되거나 그렇지 않거나 또는 동일한 단어가 강세 위치의 수의적 변화에 따라 h가 표면형에 나타나거나 그렇지 않거나 하는 현상이 아닌, 〈5.14.2〉의 예에서 보는 바와 같이 한 단어에서 시종일관 철자 h가 발음되지 않는 경우도 많은 영어음운론 문헌에서는 h~ø 교체현상이라고 지칭한다.

5.14.2

a. vé[ø]ement 'vehement'
b. ní[ø]ilism 'nihilism'
c. anní[ø]ilate 'annihilate'

탐구문제

1. 강세가 영어음운론에서 중요한 이유를 알아보자.
2. 교체현상이 무엇을 의미하는지 찾아보자.

5.15 겹자음화(Consonant Gemination)

일반적으로 영어는 겹자음(geminate)을 용인하지 않는다. 예를 들어 summer를 [sʌməɹ]라고 발음하지 '썸머'라고 하지 않는다. 하지만 웨일스 남부 영어와 같은 방언에서는 겹자음이 나타난다. 자음이 모음 사이에 오고, 앞 모음이 강세를 받을 때, 그 자음이 겹자음이 된다. 이 음운현상을 겹자음화 현상이라고 한다.

5.15.1

city [sɪtti]

물론 이 현상은 필수적으로 일어나는 현상이 아니라 선택적이고 수의적인 현상이다. 지금까지 영어음운론 연구에서는 이 현상이 거의 다루어지지 않았다.

탐구문제

1. 방언연구가 음운이론의 발전에 도움이 되는 예를 찾아보자.
2. 필수적 현상과 수의적 현상의 차이를 알아보자.

5.16 l-연구개음화(l-Velarification)

유음(liquid) /l/이 연구개에서 발음될 때 이 음을 '어두운 /l/(dark l)'이라고 하고, [ɫ]로 표기한다.

5.16.1

[ɫ]: lull, fill, bells, trail, pull, balls, pile

영어 방언을 연구해 보면, l-연구개음화 현상이 방언 변이를 자주 보인다는 것을 알 수 있다. 용인된 발음, 영국 남부 영어, 일반 미국 영어, 캐나다 영어 등에서는 기존의 분석과 같이 음절 말에 유음이 올 경우에만 연구개음화 현상이 나타난다. 그렇지만 남부 스코틀랜드 영어, 일부 북부 영국 영어, 호주 영어, 뉴질랜드 영어 등에서는 모든 음절위치에서 유음이 어두운 /l/이 된다: [ɫʌɫ].[4] 일반 미국 영어에서는 모음 사이에서도 이 현상이 일어난다.

5.16.2

silly [sɪɫi], valley, yellow, column, jelly, pillow, rely

이와 달리 유음 /l/이 어떠한 음절위치에서도 연구개음화 현상을 보이지 않는 영어 방언도 있는데, 타인사이드 영어(Tyneside English)가 대표적인 예가 된다. 지금까지의 설명을 요약하면 아래와 같다.

5.16.3

l-연구개음화	위치	방언 예
일어남	음절 말	용인된 방언
	모든 음절 위치	호주 영어
일어나지 않음	모든 위치	타인사이드 영어

이처럼 영어 방언을 살펴보면, l-연구개음화 현상이 매우 다양한 변이를 보이는 음운현상이라는 것을 알 수 있다.

l-연구개음화를 거쳐서 나오는 어두운 /l/이 탈락하기도 하는데, 이 현상을 어두운 l-탈락(dark l-dropping)이라고 한다.

5.16.4

a. [ɫ] → Ø

b. help, bulb, golf, shelve, milk

4) 호주 영어, 뉴질랜드 영어에서는 모든 음절위치에서 어두운 /l/이 지나쳐서 인두음화되기도 한다. 인두음화된(pharyngealized) 'l'은 [lˤ]로 표기한다.

이 현상은 어두운 /l/의 인접음(neighboring segment)이 순음(labial) 자음이나 연구개 자음일 때 잘 일어난다.

> **탐구문제**
>
> 1. 음성학적으로 l-연구개음화를 설명할 경우의 문제점을 방언변이를 통해 설명해 보자.
> 2. 인두음화 현상에 대해 좀 더 조사해 보자.

5.17 l-모음화(l-Vocalization)

유음이 어두운 /l/이 되는 단계를 지나 모음으로 완전히 변하는 현상이 영어의 여러 방언에서 발견되는데, 이 현상을 l-모음화 현상이라고 한다. 이러한 현상은 다음의 예에서 확인할 수 있다. 단어 cold의 경우는 모음화를 거쳐서 장모음화가 일어난다.

5.17.1

a. fi<u>ll</u> [fɪŏ] 또는 [fɪɤ]

b. co<u>l</u>d [koː]

c. fie<u>l</u>d [fɪod]

d. fa<u>ll</u> [foʊ]

e. peop<u>l</u>e [pipo]

f. pi<u>ll</u> [pɪə]

이 음운현상이 일어나는 방언으로 런던 영어, 뉴욕 시 영어 등을 예로 들 수 있다. 이 현상이 일어나는 음운환경은 주로 음절 각음의 위치에서 일어나는데, 결과적으로 나타나는 모음은 [ŏ], [ɤ], [u], [ʊ], [ə] 등 매우 다양하다. 이 중에 가장 흔하게 나타나는 모음이 [ŏ]와 [ɤ]다. [ŏ]는 후설

원순 중모음(back rounded mid vowel) [o]와 변별 자질이 동일한 전이음이다. [ŏ], [ɣ]는 비원순 모음이라는 점을 제외하고는 다른 모든 자질이 [o]와 동일하다.

탐구문제

1. 모음과 전이음의 차이를 음절구조의 차이로 보는 음운론자들이 많다. 모음과 전이음의 차이를 음절구조 차이로 설명해 보자.
2. 런던 영어와 뉴욕 시 영어에 나타나는 l-모음화 현상의 예를 좀 더 조사해 보자.

5.18 l-삽입(l-Insertion, Intrusive l)

어말의 모음이 강세를 받지 않는 음절에 위치하여 중설 모음 [ə]가 될 때 기저형(underlying representation)에 없던 /l/이 삽입되는 현상이 영어 방언에 나타나는데, 이러한 음운현상을 l-삽입이라고 말한다. 아래의 예에서 이 현상을 확인할 수 있다.

5.18.1

a. V → [əl]

b. banan<u>a</u>, are<u>a</u>, comm<u>a</u>, Americ<u>a</u>, Ev<u>a</u>

c. wind**<u>ow</u>**, tomorr**<u>ow</u>**

이 현상이 나타나는 방언으로 런던 영어와 브리스톨 영어(Bristol English)를 예로 들 수 있다. 브리스톨 영어에서는 모음 음소 중 /æ/와 /əʊ/가 이 현상을 겪는다. 삽입되는 /l/은 밝은(clear) l일 때도 있고 어두운 /l/일 때도 있다.

탐구문제

1. l-삽입 현상과 r-삽입(r-Insertion, Intrusive r)을 비교해 보고, 이 두 음운현상이 일어나는 음운환경에 어떤 차이가 있는지 알아보자. (참고로 r-삽입 현상은 다음의 〈5.19〉에서 다뤄진다.)
2. 브리스톤 영어의 다른 특징을 조사해 보자.

5.19 r-삽입(r-Insertion, Intrusive r)

모음과 모음 사이에서 철자 상 존재하지 않은 r이 삽입되는 현상을 말한다.

5.19.1

a. Wanda[**r**] arrived

b. the idea[**r**] is

c. law[**r**] and order

미국 동부와 남부의 일부 방언들, 뉴욕 시 영어, 남반구 영어 등에서 이 현상이 일어난다. r-탈락과 반대되는 현상인 r-탈락(deletion, dropping) 현상은 철자 상 존재하는 /r/이 표면형에 나타나지 않는 현상을 말한다. r-탈락현상은 Lee(2007a)에서 자세히 다루고 있다. 따라서 r-탈락현상에 대해서는 Lee(2007a)를 참조하기 바란다. r-탈락현상의 예는 아래와 같다.

5.19.2

Home<u>r</u>left

탐구문제

1. r-삽입현상과 r-탈락현상이 방언에 따라 어떻게 달리 구현되는지 Lee(2007a) 등을 참조하여 조사해 보자.
2. 남반구 영어에는 어떠한 방언들이 포함되고 이 방언들의 음운론적 특징이 무엇인지 조사해 보자.

5.20 r-모음화(r-Vocalization)

설전음 r이 모음으로 바뀌는 현상을 r-모음화라고 말한다. 이러한 현상을 아래의 예에서 확인할 수 있다.

5.20.1

a. 서인도 제도의 리워드(Leewards)

start [sta:t]

star [sta:]

north [nɔ:θ]

war [wa:]

b. 미국 흑인 영어

court [kot]

bear [bεə]

tore [to]

미국 흑인 영어에서는 모음 뒤의 /r/뿐 아니라 모음 사이의 /r/까지도 이 현상의 대상이 된다: Carol [kæ:əl].

탐구문제

1. r-모음화 현상을 보이는 다른 방언을 조사해 보자.
2. 미국 흑인 영어의 다른 특징을 조사해 보자.

5.21 r-이화현상(r-Dissimilation)

일반 미국 영어는 음절 말음에 오는 어원적 r을 발음하는(rhotic) 방언이다. 그러나 한 단어 내에 다른 r이 오는 경우에는 둘 중에서 선행하는 음절 말음에 위치하는 r이 탈락한다. 이 음운현상을 r-이화현상이라고 말한다. 물론 이 현상은 반드시 일어나는 것이 아니라 수의적으로 일어난다. 탈락되는 r은 비강세 음절에 위치해야 한다.

5.21.1

w
|

a. r → Ø / V ______ X r (X는 불특정수의 분절음을 나타냄)

b. governor, surprise, caterpillar, thermometer

5.22 과대 r-삽입(Hyper-Rhoticity)

한 단어 내에서 어말 위치이거나 음절 말 위치에서 기저형에 없던 r이 모음 뒤에 나타나는 현상을 과대 r-삽입이라고 말한다. 말음으로서의 r이 아니라 모음에 r의 색깔이 섞이는, 즉 r-착색(r-coloring)으로 나타나기도 한다. 이 현상을 보여 주는 단어들은 다음과 같다.

5.22.1

a. 어말　　china, banana, yellow, window

b. 음절말　　khaki, chicago, camouflage [aːr]

이 현상을 보이는 방언으로는 남서부 영국 영어를 예로 들 수 있다.

5.23 nt-단순화(nt-Simplification)

자음군 /nt/가 강세를 받는 모음과 비강세 모음 사이에서 [n]으로 단순화되는 현상을 nt-단순화라고 말한다.

5.23.1

a. fanØasy　　'fantasy'

b. winØer　　'winter'

c. AtlanØa　　'Atlanta'

이 현상을 보이는 방언으로 미국 남부 영어를 들 수 있다. 미국 남부 영어에서 이 현상은 선택적으로 일어나는데, /nt/ 뒤에 음절적인(syllabic) n이 올 경우에는 이 현상이 일어나지 않는다. 대신 ⟨5.23.2⟩의 예와 같이 비음융합(Nasal Coalescence) 현상을 통해 nt 겹자음이 단순화된다.

5.23.2

sentence [sɛ̃tn̩s]

⟨5.23.2⟩에서 두 번째 음절의 n이 음절의 핵 역할을 하는데, 이 경우에 /nt/의 t가 삭제되지 않는다. 대신에 /nt/의 n이 앞 음절의 모음 ɛ에 융합되어 비모음이 된다. 이 현상을 비음융합이라고 한다.

탐구문제

1. ⟨5.23.2⟩의 기저형을 /sɛntɛn̩s/라고 가정하고, 이 기저형에서 표면형이 도출되는 데 적용되는 음운현상들을 규칙으로 형식화해 보자.
2. 비음융합과 자음 탈락의 용어상 차이가 음운이론에서 어떤 함의를 갖는지 생각해 보자.

5.24 n-탈락(n-Deletion)

두 개의 비음으로 이루어진 자음연쇄의 경우 어말에 있는 비음이 탈락된다. 이 현상을 n-탈락이라고 하는데, 다음의 예에서 이 음운현상을 발견할 수 있다.

5.24.1

conde**mn**, da**mn**, autu**mn**, hy**mn**

위 단어들의 표면형에 [n]이 나오지 않기 때문에 이미 기저형에서부터 /n/이 존재하지 않는다고 주장할 수도 있다. 하지만 위 단어들과 관계되는 파생어나 복합어를 살펴보면 이 주장을 견지하기 어렵다는 것을 금방 알 수 있다.

5.24.2

a. conde**mn**ation
b. da**mn**ation
c. autu**mn**al
d. hy**mn**al

⟨5.24.2⟩에서 확인할 수 있는 것처럼, 모음으로 시작되는 제1부류 접미사가 이 단어들과 결합할 때는 표면형에 [n]이 나타난다. 즉, [mn]과

[mØ] 간 교체현상을 보여 준다. 제1접미사 파생어에서는 [n]이 드러나는 반면, 접미사가 없는 단일형태소어에서는 [n]이 발음되지 않는다.

제1접미사 파생어의 경우에는 [n]이 발음되지만, 복합어나 제2접미사 파생어에서는 단일형태소어와 마찬가지로 표면형에서 [n]이 발음되지 않는다.

5.24.3

a. conde**mn**ing
b. da**mn**ing
c. autu**mn**-days
d. hy**mn**-book

따라서 n-탈락 현상은 단일형태소어와 제1접미사 파생어 간의 교체형, 그리고 제1파생어와 제2접미사 파생어 간의 교체형, 단일형태소어와 제2접미사 파생어 간의 유사성, 복합어와 제2접미사 파생어 간의 유사성과 차별성 등 여러 가지 흥밋거리가 있는 음운현상이다. 그래서 이 음운현상은 뒤에 언급되는 g-탈락(g-deletion), 유성 장애음 탈락(voiced obstruent deletion)과 더불어 1980년대 대표적 음운이론인 어휘음운론(Lexical Phonology)의 주요 분석대상이 되었다.

탐구문제

1. 제4장에서 살펴본 어휘음운론에 대해서 복습해 보자.
2. Lee(1996)는 n–탈락 현상을 최적성이론의 틀 안에서 분석하고 있는데, 그 구체적 내용을 알아보자.
3. 제1부류 접미사와 제2부류 접미사의 차이를 조사해 보자.

5.25 g-탈락(g-Deletion)

연구개 구강 폐쇄음 g와 비강 폐쇄음으로 이루어진 자음연쇄 gN이 단어의 마지막 부분에 올 때 구강 폐쇄음 g가 탈락하는 음운현상을 g-탈락이라고 한다. 다음 단어에서 이 현상을 확인할 수 있다.

5.25.1

resi**gn**, si**gn**, paradi**gm**, phle**gm**

구강 폐쇄음이 탈락되었는지 어떻게 알 수 있는가? 아래에 예시한 파생어를 살펴보자.

5.25.2

a. resi**gn**ation
b. si**gn**ature
c. paradi**gm**atic
d. phle**gm**atic

〈5.25.1〉에서는 탈락되는 연구개 구강 폐쇄음 g가 〈5.25.2〉에서 보듯이 모음으로 시작하는 제1부류 접미사가 뒤따를 때는 발음된다. 따라서 /gN/을 기저형으로 상정할 수 있고, 기저형에 있는 /g/가 어말 위치에서 탈락한다고 설명할 수 있다. 반대로 파생어에서 [g]가 삽입된다는 설명은 어떤 음운환경에서 음이 삽입되는지, 그리고 하필 왜 [g]가 삽입되어야 하는지 정당화하기 매우 어렵다.

n-탈락 현상과 마찬가지로 g-탈락 현상도 복합어와 제2부류 접미사가 결합된 파생어에서는 적용되지 않는다.

5.25.3

a. resig<u>**gn**</u>ing

b. si<u>**gn**</u>-pose

c. paradi<u>**gm**</u>-shift

d. phle<u>**gm**</u>less

따라서 g-탈락 현상은 n-탈락 현상과 유성 장애음 탈락과 더불어 앞에서 언급한 여러 가지 이론적 논의거리를 제공해 준다.

탐구문제

1. 어휘계층(lexical stratum)이라는 개념이 무엇인지 알아보자.
2. 어휘음운론에서 g-탈락 현상을 어떻게 다루는지 조사해 보자.

5.26 유성 장애음 탈락(Voiced Obstruent Deletion)

유성 장애음 탈락이란 비강음과 구강 유성 장애음 /g, b/가 결합된 자음연쇄 NC가 어말이나 음절 말에 올 때 구강 장애음이 탈락하는 음운현상을 말한다. 우선 이 현상은 단일형태소어에서 발견된다.

5.26.1

a. bo<u>**mb**</u>, cru<u>**mb**</u>

b. lo<u>**ng**</u>, stro<u>**ng**</u>

하지만 제1부류 접미사가 첨가된 다형태소어(polymorphemic word)에서는 유성 구강음이 발음된다. 따라서 단일형태소어와 제1부류 접미사 간에 NØ~NC 교체현상이 일어난다고 말한다.

5.26.2

a. bo**mb**astic, cru**mb**le

b. lo**ng**er, stro**ng**est

재미있는 것은 이러한 NØ~NC 교체현상이 단일형태소어와 제2부류 접미사 파생어 간에는 나타나지 않는다는 것이다. 단일형태소어와 마찬가지로 제2부류 접미사 파생어에서도 탈락현상이 일어난다.

5.26.3

a. bo**mb**ing, cru**mb**y

b. longi**ng**, si**ng**er

제2부류 접미사 파생어와 마찬가지로 복합어에서도 유성 장애음은 탈락현상이 일어난다.

5.26.4

a. bo**mb**-disposal

b. lo**ng**-Johns

이 점에서 제1부류 접미사 파생어와 제2부류 접미사 파생어가 음운론적으로 차이가 나고, 또한 복합어와 제2부류 접미사가 음운론적으로 동일하다.

유성 장애음 탈락 현상은 n-탈락 현상, g-탈락 현상과 더불어 하나로 통합된 현상으로 취급될 수도 있을 것이다. 또한 이 음운현상은 접미사 분류 문제, 음절구조, 운율어(prosodic word) 구조 등 많은 이론적 이슈를 불러일으킨다.

탐구문제

1. 유성 장애음 탈락 현상을 최적성이론의 틀 안에서 분석한 Lee(1996) 등을 찾아 어떠한 음운론적 이슈가 있는지 자세히 알아보자.
2. 비음 폐쇄음과 치경폐쇄음 /t, d/와 결합한 자음군인 NT의 경우, 예컨대 bend, tent 등과 같은 경우에는 겹자음 단순화 현상이 일어나지 않는다. 그 이유가 무엇인지 생각해 보자.

5.27 TH-폐쇄음화(TH-Stopping)

TH-폐쇄음화란 치마찰음(dental fricative) /θ, ð/가 각각 폐쇄음 [t, d]로 변하는 현상을 말한다.

5.27.1

a. /θ/ → [t]   **th**ing, mou**th**

b. /ð/ → [d]   **th**ough, **th**ese, **th**at

이 음운현상은 서인도 제도 영어에서 두드러지게 일어난다. 서인도 제도 영어에서 치마찰음이 /r/ 앞에 올 때 특히 잘 일어난다: [t]ree 'three'.

이 현상은 코크니 영어, 영국의 리버풀 영어, 미국 흑인 영어 등에서 발견된다. 코크니 영어와 리버풀 영어에서는 /ð/만 이 현상의 대상이 된다. 미국 흑인 영어에서 /θ/는 어두에서는 폐쇄음이 되지 않지만, 어말에서는 폐쇄음화된다. 그리고 /ð/는 어두, 어말 모두에서 이 현상의 적용대상이 된다. 이때 /ð/는 유성음 [d]가 아닌 무성음 [t]로 변하기도 한다: wi[t] 'with'.

탐구문제

1. 치마찰음과 치경폐쇄음 간 변별자질의 동일성과 차별성을 살펴보자.
2. /θ/와 /ð/ 간의 차이에 대해서 말해 보자.
3. 어두와 어말의 음운론적 차이에 대해서 조사해 보자.
4. 미국 흑인 영어는 /θ/가 어말에서만 폐쇄음화되고, /ð/는 어두, 어말 모두에서 이 현상의 적용대상이 되는 소위 음운현상의 비대칭성(asymmetry)을 보여 준다. 이러한 음운론적 비대칭성에 대해서 알아보자.

5.28 TH-순음화(TH-Fronting)

TH-순음화는 치마찰음 /θ, ð/가 순치 마찰음(labio-dental fricative)인 [f, v]로 각각 변하는 현상이다. 이 현상의 예는 아래와 같다.

5.28.1

a. /θ/ → [f]   **th**ing, ba**th**, mou**th**

b. /ð/ → [v]   **th**ough, ba**th**e, smoo**th**, mo**th**er

이 현상이 발견되는 영어 방언으로는 런던 영어, 코크니 영어, 브리스톨 영어, 남부의 하층 계층이 쓰는 영어, 캐나다의 일부 지역 방언(broad local accent), 미국 흑인 영어 등을 예로 들 수 있다. 캐나다 일부 지역 방언에서는 /θ, ð/가 자음 음소 체계(phoneme system) 자체에 없다.

탐구문제

1. 치마찰음과 순치 마찰음이 어떤 자질을 공유하는지 알아보자.
2. 영어의 자음 음소 체계를 다시 한 번 정리해 보자.

5.29 전이음 연쇄 탈락(Glide Cluster Reduction)

전이음 연쇄 탈락은 성문마찰음 /h/와 양순구개 접근음(labio-velar approximant) /w/로 구성된 자음연쇄가 어두에서 [w]로 단순화되는 현상을 말한다.

5.29.1

/hw/ → [w]   [w]ine 'whine'

이 현상은 용인된 발음과 중부 영국 영어, 중북부 영국 영어, 웨일스 남부 영어, 벨파스트 영어, 남반구 지역 영어, 서인도 제도 영어, 일반 미국 영어, 캐나다 영어 등에서 나타난다. 전이음 약화현상의 결과로 스코틀랜드 영어에서는 [w]가 아니라 무성 순연구개 마찰음(voiceless labial-velar fricative) [ʍ]로 구현된다.

탐구문제

1. [w]와 [ʍ] 간에 어떠한 변별적 차이가 나는지 정리해 보자.
2. [h]를 전이음이라고 주장하는 연구문헌을 찾아보자.

5.30 자음선행 연쇄 탈락(Preconsonantal Cluster Reduction)

이 음운현상은 세 자음의 연쇄에서 자음*사이에 오는 치경폐쇄음 /t, d/가 탈락되는 현상을 말한다. 이 현상의 예는 아래서 확인할 수 있다.

5.30.1

a. /ndn/ → nØn	sta**nd** **n**ear, ki**ndn**ess
b. /ftn/ → nØn	so**ftn**ess
c. /ndl/ → nØl	frie**ndl**y
d. /std/ → sØd	ne**xt** **d**ay[5)]

이 현상이 발견되는 방언의 예로는 주류의 용인 발음(mainstream RP), 코크니 영어, 영국 서부 영어, 캐나다 영어 등을 들 수 있다.

탐구문제

1. 이 현상의 특징을 음절구조에 의거해서 설명해 보자.
2. 영국 서부 영어에서는 어떠한 방언들이 있는지 조사해 보자.

5.31 어말 연쇄 탈락(Final Cluster Reduction)

이 음운현상은 어말 자음연쇄 중 한 자음이 탈락하는 현상을 말한다. 이 현상이 일어나는 방언의 예로는 캐나다 뉴펀들랜드 지방 오지의 방언과 서인도 제도 영어, 미국 흑인 영어 등을 들 수 있다. 뉴펀들랜드 영어에서

5) 엄밀히 말하자면, 이 경우는 네 개의 자음연쇄가 세 개로 단순화된다. 하지만 뒤 세 개의 자음연쇄를 초점으로 잡으면 세 개의 자음연쇄가 두 개로 단순화된다고 말할 수 있다.

post는 마지막에 오는 t가 발음되지 않는다. 서인도 제도 영어에서는 더욱 다양한 자음연쇄에서 이 현상이 일어난다.

5.31.1

a. C+/t/ (t-탈락)

le[f] 'left'

ne[s] 'nest'

a[k] 'act'

ear[θ] 'earthed'

pu[ʃ] 'pushed'

sto[p] 'stopped'

tou[ʧ] 'touched'

b. C+/d/ (d-탈락)

se[n] 'send'

bui[l] 'build'

ru[b] 'rubbed'

ba[g] 'bagged'

lo[v] 'loved'

brea[ð] 'breathed'

c. /s/+C (C-탈락)

ma[s] 'mask'

ma[s] 'mast'

wa[s] 'wasp'

미국 흑인 영어에서도 이 현상이 일어나는데, 유/무성이 같을 때 자음연쇄의 둘째 음이 탈락된다.

5.31.2

a. lis**t**, tes**t**, wes**t**, bes**t**, las**t**, fast, pos**t**, misse**d**, passe**d**

b. fin**d**, han**d**, kin**d**, poun**d**, ban**d**, lan**d**, san**d**

c. col**d**, bol**d**

d. name**d**

e. was**p**

f. des**k**, mas**k**

g. gif**t**, lef**t**, lif**t**, drif**t**, swif**t**

h. adop**t**

i. contac**t**, conduc**t**, picke**d**, kicke**d**

j. pushe**d**, page**d**, raise**d**

그러나 자음의 유/무성이 다르면 이 현상이 일어나지 않아 어말 자음이 발음된다.

5.31.3

a. jum[p]

b. pain[t], pin[t]

c. thin[k], pin[k]

위에서 살펴본 영어 방언과는 달리 아프리카 영어에서는 자음연쇄 중에 끝 자음이 아닌 그 앞의 음이 탈락된다.

5.31.4

a. notes /ts/ → [s]

b. sports /ts/ → [s]

c. books /ks/ → [s]

d. rooms /mz/ → [z]

e. parents /nts/ → [ns]

f. next /kst/ → [kt]

탐구문제

1. 미국 흑인 영어에서는 자음연쇄에 속하는 자음들의 유무성성이 같은지 다른지에 따라 어말연쇄 탈락 현상이 일어나는지의 여부가 결정된다. 이 상황을 음운론적으로 설명해 보자.
2. 서인도 제도 영어와 미국 흑인 영어의 차이에 대해 조사해 보자.

5.32 어두 자음연쇄 탈락(Initial Cluster Reduction)

서인도 제도의 크레올(creole)에서는 /s/로 시작되는 자음연쇄가 어두에 올 때 /s/가 탈락되는 현상이 나타나는데, 이 음운현상을 어두 자음연쇄 탈락이라고 한다.

5.32.1

a. /st/ → Øt **st**art

b. /skr/ → Økr **scr**atch

탐구문제

1. 크레올(creole)과 피진(pidgin)의 차이가 무엇인지 알아보자.
2. 서인도 제도와 아프리카에서 사용되는 크레올과 피진의 예들을 조사해 보자.

5.33 모음 비음 연쇄 융합 (Vowel–Nasal(VN) Sequence Coalescence)

미국 흑인 영어와 미국 남부 영어에서 모음과 비음이 연속적으로 올 경우 이 두 음이 융합되어 하나의 비음화된(nasalized) 모음이 되는 현상이 나타나는데, 이것을 모음 비음 연쇄 융합이라고 한다. 이 두 영어 방언에서 이 음운현상이 일어날 경우 그 음운환경이 다르다. 미국 흑인 영어에서는 음절 말에 VN 연쇄가 올 때 이 현상이 일어나는 반면(예: him[hĩ]), 미국 남부 영어에서는 VN 연쇄가 무성자음 앞에 올 경우에 이 현상이 일어난다(예: drink[drĩk]).

탐구문제

1. 미국 남부 영어와 미국 흑인 영어가 별개의 방언이라는 사실을 어떤 점을 통해 알 수 있는지 토론해 보자.
2. 음절구조에 대해 복습해 보자. 그리고 음절구조에 관한 용어를 살펴보고 한국어 음운론과 영어 음운론 연구 문헌에서 어떻게 사용하고 있는지 조사해 보자.

5.34 파찰음화(Affrication)

런던 영어에서는 파열음 /p, t, k, b, d, g/가 파찰음이 되는 현상이 발견되는데, 이 현상을 파찰음화라고 한다.

5.34.1

a. ar**t** [ɑːt^{s}]

b. **c**all [k^{x}oʊ]

파열음이 적용대상이 되긴 하지만, 이 음운현상은 /b, d, g/보다는 /p, t, k/에 더 잘 일어나고 어말이 아닌 환경에서는 /t, k/가 /p/보다 이 현상이 더 잘 일어난다. /b, d, g/ 중에는 /d/에 이 현상이 잘 일어난다: bed [bɛd^{z}]. 또한 어말에서는 보통 선성문화 현상이 동시에 일어나기도 한다: ar**t**[ɑː**ʔt**^{s}].

탐구문제

1. 치경음이 조음위치의 측면에서 다른 위치에서 조음되는 자음과 비교하여 무표적이라고 주장하는 연구에 대해 조사해 보자.
2. 치경음이 순음이나 연구개음과 음운론적 비대칭성을 보이는 다른 음운현상을 조사해 보자.

5.35 어말 유성장애음 무성음화(Final Obstruent Devoicing)

어말 유성장애음 무성음화 음운현상은 유성 장애음이 어말에서 무성음이 되는 것을 말하는데, 부분적인(partial) 무성음화가 아니라 완전한 무성음이 되는 현상이다.

5.35.1

a. bed=bet

b. cab=cap

c. pig=pick

이 음운현상은 미국 흑인 영어, 남아프리카 영어, 하와이 영어 등의 방언에서 발견된다. 특히 남아프리카 영어에서 이중언어사용자(bilingual)들의 발음에서 많이 발견된다.

5.36 유음음절화(Syllabic Consonant Formation)

비음 또는 유음이 비강세 음절에 위치하는 약화 모음 [ə]의 바로 뒤에 위치할 때, 그 비음 또는 유음이 음절(syllable)의 핵음(nucleus)이 되고 선행하는 모음 [ə]가 탈락하는 현상을 유음음절화라고 한다.

5.36.1

a. get **al**ong [getl̩ɒŋ]

b. c**or**rect [kr̩ekt]

이 음운현상은 주류 용인 발음, 호주 영어, 남아일랜드 영어 등에서 발견된다.

5.37 폐쇄음 연화(Soft Mutation)

웨일스 영어에서 무성 폐쇄음은 유성음이 되고 유성 폐쇄음은 마찰음이 되는 현상이 나타나는데, 이것을 폐쇄음 연화 현상이라고 한다.[6)]

5.37.1

on top of the bus
[d] [v]

이 음운현상은 매우 다양한 음운환경에서 일어나는 것으로 보고되고 있다.

5.38 파열음 삽입(Plosive Epenthesis)

파열음 삽입 현상이란 파열음(plosive) /t, d/가 자음 사이에서 삽입되는 현상을 말한다. 파열음은 폐쇄음(stop)을 달리 부르는 용어다. 이 현상을 아래의 예에서 확인할 수 있다.

5.38.1

a. Ø → t / C ___ C

fa[lts] 'false'

se[nt]s 'sense'

b. Ø → d / C ___ C

bi[ldz] 'bills'

ho[ldz] 'holes'

mi[ndz] 'mines'

이 현상이 일어나는 방언의 예로 남아일랜드 영어를 들 수 있다.

이와 유사한 현상이 비음과 무성 치경 마찰음으로 구성된 자음군 /ns/에서도 일어난다. 이 현상은 조음을 용이하게 하기 위해 일어난다. 이 자음군을 발음할 때, 비음에서 마찰음으로 넘어가는 과정에서 비음 발화 시

6) 비강 폐쇄음 /m/도 이 현상의 적용대상이 되는 것으로 알려져 있다.

에 생기는 연구개 폐쇄(velum closure) 국면이 끝난 후 마찰음 열림(release) 국면이 정확하게 일치하지 못하게 된다. 그러므로 시간 차가 생겨 구강이 열리는 것보다 연구개가 먼저 닫히면서 구강 파열음 [t]가 생기는 현상이라고 조음음운론(Articulatory Phonology)에서는 설명하기도 한다.

5.38.2

a. dan[t]s 'dance'

b. prin[t]s 'prince'

다른 종류의 파열음 삽입 현상이 미국 흑인 영어에서 발견되는데, 접미사 -ed 앞에 /t/ 또는 /d/가 삽입된다. 후행하는 음이 무성음이면 /t/가, 유성음이면 /d/가 삽입된다. 이 경우 [t, d] 삽입으로 인해 접미사의 발음은 [ɪd]가 된다. 아래의 예에서 이 음운현상을 확인할 수 있다.

5.38.3

a. two fa**ced** [stɪd]

b. light ski**nned**, big bo**ned** [ndɪd]

5.39 위치동화(Place Assimilation)

치경음이 뒤따르는 자음의 조음위치와 동일하게 되는 현상을 위치동화라고 한다.

5.39.1

a. te[m] minutes

b. goo[g] girl

이 음운현상은 주류 용인 발음과 웨일스의 카디프 지방 영어에서 발견된다.

탐구문제

1. 위치동화 현상과 아울러 자음 단순화 현상이 함께 일어나는 방언이 있는지 조사해 보자.
2. 동화 현상의 다양한 종류에 대해 조사해 보자.

5.40 유 · 무성동화(Voicing Assimilation)

유성 장애음이 무성음 앞에서 무성음화되는 현상을 유·무성동화라고 한다.

5.40.1

hi[s] sister[s]' teacher

이 음운현상은 웨일스의 카디프 지방 영어에서 발견된다.

이러한 유·무성동화 현상과는 달리 무성 자음으로 이루어진 자음군이 탈락현상을 겪고 나서 살아남은 무성음이 유성음의 영향으로 유성음이 되는 현상이 스코틀랜드 영어, 트리니다드(Trinidad) 영어, 가이아나(Guyana) 영어에서 발견된다.

5.40.2

mo[z] valuable 'most valuable'

이러한 동화현상은 〈5.40.3〉과 같이 두 개의 규칙을 이용하여 설명할 수 있다: 탈락과 동화.

5.40.3

	mo/st/ valuable
탈락	sØ
동화	z
표면형	[z]

이 동화현상은 위 세 방언의 특징 중 하나다.

탐구문제

1. 유 · 무성동화 현상에 대해 최적성이론에서는 어떻게 다루고 있는지 Jun(1995) 등을 참조해서 살펴보자.
2. 유 · 무성동화 현상이 일어난 뒤, 〈5.40.1〉에서 겹자음 탈락 현상이 일어나지 않는 이유에 대해서 설명해 보자.

5.41 요크셔동화(Yorkshire Assimilation)

요크셔동화 현상도 유·무성동화 현상의 일종인데, 유성음이 뒤따르는 무성음의 영향을 받아 무성음이 되는 현상이다. 이 현상은 단어 사이에서 또는 복합어의 구성성분 사이에서 일어난다.

5.41.1

a. /d/ → t   be**d**-time, hea**d**quarters, Bra**d**ford, coul**d** swing

b. /b/ → p   su**b**committee

c. /g/ → k   a bi**g** peace, fro**g**spawn

d. /v/ → f   li**v**e performance

이 음운현상은 서요크셔와 요크셔 지역의 영국 북부 영어에서 발견된다. /d/가 이 현상을 겪어 [t]가 되면 이 [t]는 기저의 /t/처럼 성문음화를 겪을 수도 있다: old people /d/→[t]→[ʔ].

탐구문제

1. 요크셔동화 현상을 설명하기 위해 최적성이론에서 어떤 제약이 필요한지 살펴보자.
2. 최적성 이론에서 가정하는 유표성제약과 충실성제약이 어떻게 다른지 알아보자.

5.42 유성자음 비음화(Voiced Consonant Nasalization)

유성자음이 이웃하는 비음의 영향으로 비음이 되는 현상을 말한다. 이 현상은 선택적으로 일어나는데, 아래의 예에서 확인할 수 있다.

5.42.1

a. hand [hǣnn̩]

b. wooden [wudn̩] or [wũnn̩]

5.43 유성 치마찰음 탈락(ð-Deletion)

벨파스트 영어(Belfast English)에서 두 모음 사이에 있는 /ð/가 탈락되는 현상이 나타나는데, 이 현상을 유성 치마찰음 탈락이라고 한다. 이 현상은 선택적으로 일어난다.

5.43.1

a. moØer 'mother'

b. faØer 'father'

탐구문제

1. 유성 치마찰음 탈락 현상이 일어나는 경우를 최적성이론의 틀 안에서 설명해 보자. 우선 VV 연쇄 및 VCV 연쇄와 관련된 제약 그리고 음절의 적형성과 충실성제약 등을 도입할 필요가 있을 것이다.
2. 벨파스트 영어의 특징에 대해 좀 더 조사해 보자.

제6장

영어방언음운론 II: 모음음운론

이 장에서는 영어의 여러 방언에서 나타나는 모음 음운현상에 대해서 살펴보고자 한다. 모음 음운현상은 자음 음운현상보다는 그 수가 많지 않다. 그리고 자음음운론만큼 방언에 따른 현저한 차이가 나타나지 않고 그 차이점을 쉽게 포착하기도 어렵다. 그러나 영어의 여러 방언에서 발견되는 모음 음운현상을 가능하면 많이 수록하여 앞으로 영어음운론의 기초가 될 수 있도록 할 것이다. 물론 이 책에서 다루지 않은 모음 음운현상이 더 있을 수 있다.[1]

6.1 선어말 셋째 음절 단모음화(Trisyllabic Shortening)[2]

⟨6.1.1⟩의 예에서 보는 바와 같이 파생어와 비파생어 간에 모음 교체현상이 일어난다. 파생어의 경우 어말로부터 세 번째 음절의 모음은 단모음인

1) 예를 들면 tone~tonic과 pale~pallid 등의 교체현상에서 발견되는 단모음화 현상은 여기서 따로 다루지 않고 있다.

2) 이 현상을 3음절 단모음화라고 번역하는 경우(예: 전상범, 2004)도 있다.

데, 이에 상응하는 모음이 비파생어에서는 이중모음이거나 장모음이 된다. 이러한 모음 교체현상을 다루면서, 기저형에서 장모음이 파생어에서 단모음으로 구현되는 것으로 설명하는 것이 일반적이다.[3)] 파생어의 어말로부터 세 번째 음절의 모음이 짧아지기 때문에 선어말 셋째 음절 단모음화라고 부른다.[4)] 이 음운현상은 영어 모음음운론에서 매우 유명한 것으로서 대부분의 영어 방언에서 발견된다.

6.1.1

a. divine	divinity	/aɪ/ → [ɪ]
derive	derivative	
vile	vilify	
divide	divisible	
define	definitive	
prime	primitive	
type	typify	
senile	senility	
b. extreme	extremity	/iː/ → [ɛ]
brief	brevity	
complete	competitive	
creed	credible	
appeal	appellative	
clear	clarify	
sincere	sincerity	
brief	brevity	
penal	penalize	

3) 반대로 기저형의 단모음이 비파생어에서 장음화된다고 주장하는 학자(예: Burzio, 1994)도 있다.

4) 이 음운현상을 선어말 셋째 음절 이완음화(Trisyllabic Laxing)라고 칭하기도 한다.

c. profane	profanity	/eɪ/→[æ]
chaste	chastity	
grateful	gratitude	
sane	sanity	
vane	vanity	
grave	gravity	
nature	natural	
nation	national	
table	tabular	
d. sole	solitude	/oʊ/→[ɒ]
provoke	provocative	
mode	modify	
omen	ominous	
mediocre	mediocrity	

선어말 셋째 음절 단모음화에 대해서는 Chomsky & Halle(1965), Borowsky(1986), 이재영(1998) 등 여러 학자가 분석하고 있다. 그중 이재영(1998)은 이 음운현상이 모라(mora)를 기반으로 한 음보구조와 율격구조의 최적성을 담보하는 것이라고 설명하고 있다. Hayes(1995)에 따르면, 영어에서 하나의 음보(foot)는 두 개의 모라를 가지는 것이 가장 이상적이다. 또한 율격구조 이론에 따르면, 한 단어의 음보화는 가능한 한 많은 음절을 포함하는 것이 이상적이다. 이러한 음보구조와 율격구조의 최적성을 구현한 것이 선어말 셋째 음절 단모음화라고 설명하고 있다. 선어말 셋째 음절과 둘째 음절이 하나의 음보를 형성하게 될 때, 앞 음절의 장모음이 단모음이 되면 세 개의 모라로 형성될 뻔한 음보가 두 개의 모라로 형성됨으로써 가장 이상적인 음보가 되는 것이다.[5)]

탐구문제

1. Hayes(1995)가 제안한 강약 음보와 약강 음보에서의 음보 적형성 순위가 무엇인지 조사해 보자. 그리고 강약 음보와 약강 음보 사이에 음보 적형성 순위가 다른 이유를 Hayes가 무엇이라고 설명하고 있는지 조사해 보자.
2. 이 절에서 살펴본 파생어와 비파생어 간의 교체현상에 대해서 Burzio(1994)가 주장한 내용이 무엇인지 조사해 보자.

6.2 CiV 장모음화(CiV Lengthening)[6)]

한 모음이 자음(C)과 [i], 그리고 다양한 종류의 모음(V)으로 이루어진 CiV 연쇄 앞에 올 때 장모음으로 표면형에 나타나는 현상을 CiV 장모음화라고 한다.

6.2.1

a. Jord**a**nian, Ar**a**bia, reg**a**lia	/ə/ → [eɪ]
b. cour**a**geous	/ɪ/ → [eɪ]
c. Mong**o**lia, Babyl**o**nian, fel**o**nious, col**o**nial, Greg**o**rian	/ə/ → [oʊ]
d. coll**e**giate, com**e**dian	/ɪ/ → [iː]

〈6.2.1〉의 예에서 보듯이 이 음운현상의 적용대상인 모음은 강세를 받아야 하고, 비고모음(non-high vowel)이어야 한다. 이 현상은 대부분의 영어 방언에서 발견된다.[7)]

5) 이 책은 영어 음운현상에 대한 소개에 초점을 두고 있다. 따라서 이 현상에 대한 이론적 분석에 대해서는 자세히 살피지 않도록 한다. 이 현상에 대한 좀 더 자세한 논의와 분석은 이재영(1998)을 참조하기 바란다.

6) 이 음운현상은 CiV Tensing이라고 부르기도 한다(예: Chomsky & Halle, 1965; Lee, 1996).

7) 이 음운현상에 대한 좀 더 자세한 논의와 이론적 분석은 Chomsky & Halle(1965)와

탐구문제

1. 장모음과 긴장모음의 공통점과 차이점에 대해 조사해 보자.
2. 긴장모음은 항상 장음인지에 대해 토론해 보자.

6.3 선모음 긴장음화(Prevocalic Tensing)

아래의 예에서 보는 바와 같이 모음 앞에 오는 이완(lax) 모음이 긴장모음(tense vowel)으로 변하는 음운현상을 선모음 긴장음화라고 한다.

6.3.1

/ɪ/ → [i] var<u>i</u>ous, notor<u>i</u>ous, simultan<u>e</u>ous, man<u>i</u>ac

이 음운현상도 대부분의 영어 방언에서 나타난다.

탐구문제

1. 단어 social과 같은 경우는 이 음운현상의 예외처럼 보인다. 만약에 social도 선모음 긴장음화 현상이 적용된다고 가정한다면, social에서 모음의 연쇄 /ɪa/가 [ɪ]로 도출되는 과정을 나타내 보자. (social /soʊsɪəl/ → [soʊʃəl])
2. 음운현상의 예외에 대해 어떻게 설명할 수 있는지 조사해 보자.

Lee(1996) 등을 참조하기 바란다.

6.4 Happy-긴장음화(Happy-Tensing)[8)]

단어 끝에 오는 이완(lax) 단모음 /ɪ/가 긴장(tense) 단모음 [i] 또는 [iː]로 변하는 현상을 Happy-긴장음화라고 말한다. 이때 긴장모음은 방언에 따라 장모음이 될 수도 있고 단모음이 될 수도 있다.

6.4.1

/ɪ/ → [iː] 또는 [i]

happy, fancy, beauty, merry, penny, mercy, lucky, city, copy, inky, baby, ready, foggy, fluffy, heavy, breathy, fussy, busy, fishy, tetchy, edgy, gloomy, penny, sorry, lily, canopy, vanity, strategy, economy, money, valley, Chelsea, Swansea

이 현상이 나타나는 영어 방언의 예로는 영국 남부 영어, 스코틀랜드 북동부 영어를 들 수 있다. 영국 남부 영어에서는 이 음운현상의 결과로 긴장장모음 [iː]가 되고, 스코틀랜드 북동부 영어에서는 긴장단모음 [i]로 구현된다. 런던 영어에서는 선택적으로 Happy-긴장음화가 일어나는데, [i] 외에 [əi, ɪi]로도 발현된다. 그 밖에 영국 북부 영어, 웨일스 영어, 노섬벌랜드 영어, 타인사이드 영어, 험버사이드 영어, 미국 북부 영어, 미국 서부 영어 등에서도 이 현상이 나타나는 것으로 보고된다. 영국과 미국에서 이 현상은 점점 증가하고 있다. 그러나 대부분의 용인된 발음과 맨체스터 영어, 브래드 포드 영어, 요크셔 영어, 미국 남부 영어 등에서는 이 현상이 일어나지 않는다.

8) 이 현상을 어말 /ɪ/-긴장음화(word-final /ɪ/-tensing)라고 부르기도 한다.

6.5 강세모음 장음화(Stressed Tense Vowel Lengthening)

강세가 있는 음절의 이완모음이 다른 모음 앞에 올 때 긴장모음이 되고, 그리고 모라 두 개를 가진 모음으로 구현되는 현상을 강세모음 장음화라고 한다. 아래의 예에서 이 현상을 확인할 수 있다.

6.5.1

/ɪ/ → i → iː simultanéity

그런데 기저모음이 긴장음이 된 뒤에 단순히 장모음이 되는 경우 이외에, 한 단계 더 나아가 이중모음으로 구현될 수도 있다.

6.5.2

/ɪ/ → i → iː → aɪ variety, notoriety, society, maniacal

이 음운현상은 대부분의 영어 방언에서 일어난다.

탐구문제

1. 〈6.5.1〉과 〈6.5.2〉에 나오는 단어들의 밑줄 친 부분의 표면형이 도출되려면 두 가지 규칙이 적용된다. 이 두 가지 규칙을 도식화해 보자.
2. 긴장도와 장단의 변별적 기능에 대해 조사해 보자.

6.6 이중모음화(Diphthongization)

홑모음(monophthong)이 장음이 될 때 이중모음으로 변하는 현상을 이중모음화라고 한다.

6.6.1

[eː] → [eɪ] medic<u>a</u>te

이 음운현상은 다른 음운현상과 연관되어 있다. 앞에서 언급한 선모음 긴장음화, 긴장모음 장음화를 겪은 음에 적용되기도 한다.

6.6.2

/ɪ/ → i → iː → [aɪ] var<u>í</u>ety

이 현상은 대부분의 영어 방언에서 나타난다. 하지만 스코틀랜드 영어에서는 [eː]와 [oː]는 이 현상을 겪지 않아 [eɪ]와 [oʊ]가 아닌 [eː]와 [oː]로 그대로 발음된다.

6.7 선설전음 모음 분화(Pre-R Breaking)

설전음 /r/ 앞의 장모음 /iː/, /uː/, /eː/, /oː/가 단모음(short vowel)과 [ə] 연쇄로 쪼개지는 현상을 선설전음 모음 분화라고 한다.

6.7.1

a. b<u>ee</u>r /iː/ → [iə]
b. p<u>oo</u>r /uː/ → [uə]
c. c<u>a</u>re /eː/ → [eə]
d. m<u>o</u>re /oː/ → [oə]

이 음운현상은 용인된 발음, 서부 영국 영어, 일반 미국 영어, 미국의 동부와 남부 일부 지역 영어, 뉴욕 시 영어, 캐나다 영어, 호주 영어 등 많은 영어 방언에서 발견된다. 방언에 따라서 이 음운현상의 적용대상 모음에 차이가 나타나는데, 예컨대 뉴욕 시 영어와 캐나다 영어에서는 /oː/가 이 현상의 적용대상이 되지 못하고, 호주 영어에서는 /eː/와 /oː/가 이 현상의 적용대상이 되지 못한다. 이 음운현상은 많은 영어에서 발견되지만, 스코틀랜드 영어와 아일랜드 영어 등에서는 일어나지 않는다.

6.8 선약모음 이완음화(Pre-Schwa Laxing)

선설전음 모음 분화의 결과로 하나의 장모음이 두 개의 모음으로 분화되고 나서 [ə] 앞에 있는 긴장모음이 이완모음으로 변하는 현상이 있는데, 이것을 선약모음 이완음화라고 한다. 〈6.8.1〉에서 보이는 바와 같이 선설전음 모음 분화의 결과인 [iə], [uə], [eə], [oə]에서 첫 모음이 이완 모음이 된다.

6.8.1

a. b<u>ee</u>r [iə] → [ɪə]

b. p<u>oo</u>r [uə] → [ʊə]

c. c<u>a</u>re [eə] → [ɛə]

d. m<u>o</u>re [oə] → [ɔə]

이 현상은 선설전음 모음 분화 현상이 일어나는 영어 방언에서 발견된다.

6.9 선설측음 분화(Pre-L Breaking)

설측음 /l/ 앞의 홑모음이 [ə]를 포함한 이중모음으로 쪼개지는 현상을 말한다.

6.9.1

a. feel /fiːl/ → [fiəl]

b. rule/ruːl/ → [ruəl]

이 음운현상은 미국 일반 영어와 미국 남부 영어에서 발견된다. 이 현상을 겪으면 이중모음이 만들어지고 단음절(monosyllable)을 이루게 된다. 그러나 선택적으로 홑모음 두 개가 생겨 이 모음이 각각 한 음절을 이루어 결과적으로 이음절(disyllable)이 되기도 한다. 이때 모음 사이에 전이음이 삽입된다: [fi.jəl], [ru.wəl].

탐구문제

1. 한 음절이었던 단어가 선설측음 분화 후 단음절이 아닌 이음절이 되는 경우 전이음이 삽입된다. 이 경우 전이음이 삽입되는 이유에 대해 생각해 보자.
2. 모음과 전이음의 차이를 음절구조를 통해 나타내 보자.

6.10 홑모음화(Smoothing)

모음분화와는 반대로 이중모음이 홑모음이 되는 현상이 있는데, 이 현상을 홑모음화라고 한다. 이때 홑모음의 음질은 보통 이중모음의 첫 요소와 동일하거나 비슷한 모음이 된다. 선택적으로 홑모음이 장음이 되기도 한다.

6.10.1

a. aɪ+ə → [a(ː)ə] 또는 [ɑ(ː)ə]	fire, tire
b. aʊ+ə → [a(ː)ə] 또는 [ɑ(ː)ə]	coward, power, ploughing, tower
c. eɪ+ə → [eːə]	chaos, player
d. oʊ+ə → [öːə, ɜːə, eːə]	mower, lower
e. ɔɪ+ə → [ɔːə]	buoyant

이 현상은 주류 용인된 발음, 노리치를 포함한 영국 남동부 영어, 미국의 펜실베이니아와 오하이오 영어에서 발견된다. 그리고 이 현상은 이중모음 뒤에 모음 [ə]가 따라올 경우에 잘 일어나지만, 다른 모음이 뒤따를 경우에도 나타난다.

6.10.2

a. aɪ+ɪ → [aɪ]	crying, trying
b. eɪ+ɪ → [eɪ]	playing, saying
c. oʊ+ɪ → [oɪ]	going, snowing, knowing
d. ɔɪ+ɪ → [ɔɪ]	annoying, employing

또한 아래 탐구문제에서 보는 바와 같이 단어 사이에서도 일어난다.

탐구문제

1. 홑모음화 현상은 단어와 단어 사이에서도 일어난다.

a. h<u>ow</u> odd, m<u>y</u> aunt	[aː] or [ɑː]
b. w<u>ay</u> out, th<u>ey</u> eat	[eː]
c. g<u>o</u> off, s<u>o</u> early	[ɜː]

2. 〈6.10.1〉과 〈6.10.2〉에서 살펴본 단어 내에서의 홑모음화와 단어 간에 나타나는 홑모음화의 공통점과 차이점을 조사해 보자.

6.11 선마찰음 장모음화(Pre-Fricative Lengthening)

모음이 무성 마찰음 앞에 있을 때 길어지는 음운현상을 선마찰음 장모음화라고 한다. 이 현상은 모음이 무성 마찰음 중 [f, ɵ, s] 앞에 올 경우 특히 잘 일어난다.

6.11.1

/æ/ → [æː] staff, bath, pass, ask

이 현상은 용인된 발음과 영국 남부 영어에서 발견된다.

탐구문제

1. 저모음이 고모음이나 중모음보다 장음으로 될 수 있는 가능성이 높은 이유가 무엇인지 조사해 보자.
2. 공명도(sonority)의 위계에 따라 영어의 모음을 분류해 보자.

6.12 전이음 약화(Glide Weakening)

이중모음(diphthong) /aɪ/의 두 번째 요소인 전이음(glide) [ɪ]가 약해져서 [e]가 되거나, 아니면 전이음이 아예 없어져 홑모음이 되는 현상을 전이음 약화현상이라고 한다. 홑모음이 될 경우 긴 홑모음이 된다.

6.12.1

/aɪ/ → [ae] 또는 [aː] price, time, nice, kite, dine, life

이 음운현상이 일어나는 방언으로는 남아프리카 영어를 꼽을 수 있다. 이 방언에서는 [eɪ], [ɔɪ], [oʊ], [aʊ]도 전이음 약화 현상을 보이는데, 이중모음의 두 번째 요소가 [ʊ]인 경우 [ɣ]로 변한다: h[aɣ]se 'house'.

탐구문제

1. 전이음 약화 현상에서 이중모음의 두 번째 요소가 [ɪ]인 경우 [e]로, [ʊ]인 경우는 [ɣ]로 변한다. 두 가지 모음 [e]와 [ɣ]를 IPA를 참고하여 기술해 보자(모음의 높낮이, 후설성, 원순성을 기준으로).
2. 이중모음의 두 번째 요소가 [ɪ]인 경우는 [e]로, [ʊ]인 경우는 [ɣ]로 변하는 이유에 대해서 생각해 보자. ([ɪ]와 [e]의 공통점, [ʊ]와 [ɣ]의 공통점에 주목하여 생각해 보자.)
3. 혀의 후설성의 관점에서 [ɪ]와 [e]는 어떻게 분류되며, [ʊ]와 [ɣ]는 어떻게 분류되는지 조사해 보자. 이를 바탕으로 자연부류(natural class)라는 개념이 의미하는 바가 무엇인지 조사해 보자.

6.13 모음삽입(Vowel Epenthesis)

어두나 어말의 자음군 사이나 어말의 자음 뒤에 모음이 삽입되는 현상을 모음삽입이라고 한다.

6.13.1

a. 자음군 사이

<u>**br**</u>ead [bur...]

<u>**scr**</u>ew <u>**dr**</u>iver [sukuru] [dir...]

si<u>**lk**</u> [...lik]

be<u>**lt**</u> [...lɛt]

b. 어말 자음 뒤

I cu<u>**t**</u> mysel<u>**f**</u> an<u>**d**</u> I wa<u>**s**</u> bleed<u>**ing**</u>.

[...ti] [...fu][...di] [...zi] [...ŋgi]

이 현상은 아프리카 영어에서 나타난다. 자음군 사이에 모음이 삽입되는 경우 어말 자음군보다 어두 자음군 사이에 모음삽입이 더 자주 일어난다. 그리고 삽입되는 모음이 어떤 모음인지는 예측하기 어렵지만, 대부분 [i] 또는 [u] 둘 중 하나가 삽입된다는 것을 알 수 있다.

탐구문제

1. 두음의 위치에 겹자음이 오는 경우와 홑자음이 오는 경우, 어떤 경우가 언어 보편적으로 무표적(unmarked)인지 알아보자.
2. 말음의 위치에 대해서도 같은 기준으로 살펴보자.
3. 음절구조에서 CV와 CVC 중에 어떤 것이 무표적인지 알아보자.

6.14 남부모음 분화(Southern Breaking)

강세를 가지는 단음절 단어에서 /ɪ, ɛ, æ, ʊ, ʌ, ɑ/ 등의 이완모음 뒤에 모음이 삽입되는 현상을 남부모음 분화 현상이라고 한다. 삽입되는 모음으로는 [ə], [ɪ], [ɪ̆] 등이 있다.

6.14.1

a. lip [lɪə̱p]

b. much [mʌɪ̱ʧ]

이 음운현상은 주로 미국 남부 영어에서 일어난다.

탐구문제

1. 남부모음 분화 현상의 예를 좀 더 찾아보자.
2. 이 현상이 일어날 때 뒤따르는 자음이 무성음이 아니라 유성음일 경우가 있는지 조사해 보자.
3. 한 음절에서 핵음인 모음과 말음의 자음이 결합해서 하나의 음절이 형성될 때, 모음의 변화가 일어나는 다른 음운현상이 있는지 조사해 보자.

6.15 약화모음 흡수(Schwa Absorption)

모음과 유음 또는 모음과 비음 사이에 있는 약화모음 schwa가 앞의 모음에 흡수되는 현상을 약화모음 흡수 현상이라고 한다. 이 현상은 아일랜드 영어에서 선택적으로 일어난다.

6.15.1

a. /iːə/ → [iː]   r**<u>ea</u>**l=reel, mus**<u>eu</u>**m

b. /aɪə/ → [aɪ]   tr**<u>ia</u>**l, v**<u>io</u>**lent, Br**<u>ia</u>**n, l**<u>io</u>**n

c. /oʊə/ → [oʊ]   sl**<u>owe</u>**r, m**<u>owe</u>**r

d. /eɪə/ → [eɪ]   p**<u>aye</u>**r

약화모음 흡수 현상을 규칙으로 나타내면 다음과 같다.

6.15.2

ə → ø / V́_X (X는 유음이나 비음)

탐구문제

1. 유음과 비음의 특징을 조사해 보자.
2. 약화모음의 특징을 살펴보자.
3. 유음과 비음이 모음화되는 경우를 조사해 보자.
4. 모음이 과도하게 많이 연속적으로 이어질 때, 단순화되는 현상을 조사해 보자.
5. 두 개의 모음이 연속적으로 오고 그 두 모음 중 하나는 약화모음일 경우, 어느 것이 생략될 가능성이 높은지 조사해 보자. 그리고 그 이유를 생각해 보자.

6.16 약화모음 삽입(Schwa Epenthesis)

코크니 영어에서 어두에 있지 않은 자음과 유음 연쇄 사이에 약화모음 schwa가 삽입되는 현상을 약화모음 삽입 현상이라고 한다.

6.16.1

a. lo[vəl]y 'lovely'
b. He[nər]y 'Henry'
c. a[θəl]etics 'athletics'
d. um[bər]ella 'umbrella'

이와 비슷한 약화모음 삽입 현상이 남아일랜드 영어에서도 발견된다.

6.16.2

a. 파열음과 유음 또는 파열음과 비음 사이에서

pe[tər]ol 'petrol'

Du[bəl]in 'Dublin'

Ka[θəl]een 'Kathleen'

b. 두 공명음 사이에서

fi[ləm] 'film'

fo[rəm] 'form'

tav[rən] 'tavern'

탐구문제

1. 음절구조와 약화모음 삽입 현상과의 상관성에 대해 살펴보자.
2. 삽입되는 모음이 왜 약화모음인지에 대해 생각해 보자.
3. 모음 중에서 가장 무표적인 음이 무엇인지 조사해 보자.
4. 영어와 다른 언어에서 삽입모음의 차이점과 공통점을 조사해 보자.

6.17 약화모음 융합(Schwa Coalescence)

약화모음이 선행하는 자음과 합쳐져 선행하는 자음을 음절적(syllabic) 자음으로 변화시키는 현상을 약화모음 융합 현상이라고 한다.

6.17.1

a. [fə] → [f̩] **fo**rgot

b. [ʃə] → [ʃ̩] **she** said

c. [nə] → [n̩] **no**t much

이 음운현상은 비음과 유음이 아닌 장애음도 음절적 자음이 될 수 있다는 것을 보여 준다. 약화모음 융합 현상을 보이는 방언의 예로 런던 영어를 들 수 있다. 물론 이 현상은 매우 빠른 발화에서 일어날 뿐만 아니라 아주 편안한 말투에서 선택적으로 일어난다.

탐구문제

1. 편안한(informal) 말투와 공식적(formal) 말투가 의미하는 것이 무엇인지 생각해 보자.
2. 자음이 음절성(syllabicity)을 갖는다는 것이 무엇을 의미하는지 생각해 보자.
3. 비음의 경우 음절성을 가지는 경우를 조사해 보자.
4. 유음의 경우 음절성을 가지는 예를 조사해 보자.
5. 공명도가 높은 자음과 낮은 자음 간에 어떠한 것이 음절적 자음이 될 가능성이 높은지 생각해 보자.

6.18 약화모음 탈락(Schwa Deletion)

약화모음이 성문음 뒤에 올 때 탈락하는 현상을 약화모음 탈락 현상이라고 한다.

6.18.1

be**tter** [bɛʔ]

아래의 예에서 알 수 있듯이 성문음과 약화모음이 같은 단어에 속하지 않을 경우에도 일어난다.

6.18.2

a. a bi**t** **o**f [ə bɪʔ v]

b. abou**t** **a** weak [əbaʊʔ wiːk]

c. ge**t** **a** pair of sandals [gɛʔ pɛə]

이 현상이 일어나는 방언의 예로 코크니 영어를 들 수 있다. 이 현상은 빠른 발화와 편안한 말투에서 일어난다.

탐구문제

1. 어휘음운론에서 제안한 계층에 대해 조사해 보자.
2. 어휘계층과 어휘 후 계층의 차이가 무엇인지 조사해 보자.
3. 어휘규칙(lexical rule)과 어휘 후 규칙(postlexical rule)의 차이점에 대해 조사해 보자.

6.19 캐나다 상승 현상(Canadian Raising)[9)]

무성 장애음 앞의 모음 /aɪ/가 [ʌɪ]로 상승하는 현상을 말한다.

6.19.1

a. wr**i**te, wr**i**ter, p**i**pe, wh**i**te, l**i**ke, m**i**cron

b. l**i**fe, n**i**ce, kn**i**fe, pr**i**ce

9) 이 현상을 PRICE 상승 현상이라고 부르기도 한다.

이 음운현상이 일어나는 방언의 예로 캐나다 영어를 들 수 있다. 이 현상은 어휘의 형태론적 환경에 의존적이다. 예를 들어 tie-clip처럼 무성 장애음 앞에 형태소 경계가 있을 때는 상승 현상이 일어나지 않는다. 또한이 음운현상은 어휘 사이의 근접성 또는 빈도수에 민감하다. 예컨대 high school처럼 형태소 경계가 있더라도 두 형태소가 어휘적으로 가까이 묶이면(lexically close-bound) 이 현상이 일어난다. 마지막으로 아래서 확인할 수 있듯이 이 현상은 강세 여부에 따라 적용 여부가 달라진다.

6.19.2

a. [ʌɪ] bícycle, cíte, hýpodermic, títan, psýcho

b. [aɪ] biséxual, citátion, hypóthesis, titánic, psychólogy

무성 장애음 앞에 오는 모음이 강세를 가지면 이 모음은 상승 현상이 일어나지만, 강세를 받지 못하면 이 현상이 일어나지 않는다.

탐구문제

1. 캐나다 상승 현상(Canadian Raising)과 남부모음 분화 현상의 공통점과 차이점을 살펴보자.
2. 형태론적 환경이 무엇을 의미하는지 생각해 보자.
3. 어휘적으로 형태소가 가깝다는 것이 무엇을 의미하는지 생각해 보자.

6.20 모음상승(Vowel Raising)

미국 남부 영어에서 전설 중모음이 비음 앞에서 전설 고모음이 되는 현상이 있는데, 이것을 모음상승 현상이라고 한다.

6.20.1

a. hem /hɛm/ → [hɛm] → [hĩm] = him

b. ten /tɛn/ → [tɛn] → [tĩn] = tin

c. meant /mɛnt/ → [mɛnt] → [mĩnt]

d. serenity /sirɛnəti/ → [sirɛnəti] → [sirĩnəti]

특기할 만한 사항은 다른 음운현상의 결과에 의해서 생긴 ɛ+비음 연쇄에서는 이 음운현상이 일어나지 않는다는 것이다.

6.20.2

a. threaten [θrɛʔn] → [θrɛn](성문음탈락) → *[θrĩn]

b. redden [rɛdn] → [rɛn](d-탈락) → *[rĩn]

c. betting [bɛrɪŋ] → [bɛɪŋ](탄설음탈락) → *[bĩĩŋ]

이 현상을 규칙으로 대략 다음과 같이 형식화할 수 있다.

6.20.3

$/\varepsilon/ \rightarrow [\text{ɪ}]\ /\ \_\_C_{[+nasal]}$

탐구문제

1. 이 음운현상과 캐나다 상승 현상의 공통점과 차이점에 대해 살펴보자.
2. 기저형에 있던 자음이 탈락할 경우에 왜 이 음운현상이 일어나지 않는지 생각해 보자.
3. 비음 앞에서 중모음이 고모음으로 상승하는 음성학적 이유를 생각해 보자.
4. Kiparsky(1972, 1973)를 참조하여 불투명성(opacity)이 무슨 뜻인지 조사해 보자.
5. 모음상승이 불투명성을 보이지 않는 현상이라고 말할 수 있는지 생각해 보자.

6.21 Mouth 상승(Mouth Raising)

무성 장애음 앞의 모음 /aʊ/가 [ʌʊ]로 상승하는 현상을 말한다.

6.21.1

m**ou**th, **ou**t, c**ou**ch, s**ou**th, h**ou**se, **ou**t, h**ou**se

이 현상이 일어나는 방언의 예로 캐나다 영어를 들 수 있다.

탐구문제

1. 이 음운현상과 캐나다 상승 현상의 공통점과 차이점에 대해 살펴보자.
2. 단어 south와 southern에서 발생하는 모음 교체현상을 Mouth 상승 현상과 연관시켜 생각해 보자. 그리고 어떠한 음운현상이 더 관련되는지 조사해 보자.

6.22 Bath 상승(Bath Raising)

Bath와 같은 단어들의 기저 모음인 /æ/가 [eə] 등 이중모음으로 구현되는 현상을 말한다.

6.22.1

half, hand /æ/ → [eə], [ɛə], [ẽə], [iə]

표면형에서 나타나는 이중모음 중에서 [iə]가 가장 기저형과 다르다고 할 수 있다. 기저모음이 상승해서 고모음을 핵음으로 갖는 이중모음이 되었기 때문이다. 이 음운현상이 나타나는 방언의 예로는 일반 미국 영어, 뉴잉글랜드 영어, 필라델피아(Philadelphia) 영어, 디트로이트(Detroit) 영어, 시카고(Chicago) 영어, 버팔로(Buffalo) 영어, 그리고 뉴욕 시 영어를 들 수 있다.

그런데 Bath 상승 현상이 일어나는 음운환경은 방언에 따라 차이가 있다. 뉴잉글랜드 영어에서는 Bath 상승 후의 표면형으로 [eə]와 [ɛə]가 나타나는데, 보스턴 지역에서는 [ɛə]가 나타난다. 필라델피아 영어에서는 Bath 상승이 /m, n, f, ɵ, s/ 앞에서 일어나며, /d/ 앞에서는 일정치 않게(variable) 일어난다. 디트로이트 영어와 시카고 영어에 Bath 상승이 매우 흔한 현상이고 후행하는 자음에 상관없이 기저음 /æ/가 [eə] 등으로 상승한다. 그리고 버팔로 영어에서는 Bath 상승 후 표면형으로 [eə] 외에 [iə]까지 관찰된다.

음운론적으로 흥미 있는 방언은 뉴욕 시 영어다. 따라서 뉴욕 시 영어에서 관찰되는 Bath 상승 현상의 음운환경에 대해서 좀 더 자세히 살펴보기로 한다. 뉴욕 시 영어에서의 Bath 상승은 아래와 같은 환경에서 일어난다.

6.22.2

뉴욕 시 영어 Bath 상승

a. 후행하는 음이 유성폐쇄음일 때
   /b, d, g/: cab, bad, rag, drag

b. 후행하는 음이 마찰음일 때
   유성마찰음 /z, ʤ/: jazz, badge
   무성마찰음 /f, ɵ, s, ʃ/: laugh, bath, grass, cash

c. 후행하는 음이 비음일 때: ham, man, bang

이러한 음운환경에 포함된다고 볼 수 있는 환경인 후행하는 자음이 겹자음일 때에도 Bath 상승 현상이 일어난다.

6.22.3

stabs, camp, dance, candy, branch, manly

하지만 아래의 예에서 확인할 수 있는 바와 같이 후행하는 자음이 /p, t, k/ 등 무성 폐쇄음일 경우에는 이 음운현상이 일어나지 않는다.

6.22.4

[æ], *[eə]: cap, hat, back

그리고 후행하는 자음이 유음일 경우에도 Bath 상승 현상이 일어나지 않는다.

6.22.5

[æ], *[eə]: pal, shallow

지금까지 뉴욕 시 영어에서 관찰되는 Bath 상승 현상의 음운환경을 살펴보았다. 동일한 음운환경에서도 이 현상이 일어나지 않는 경우가 있다. 대표적인 예는 빈도수가 매우 높은 조동사의 경우다.

6.22.6

[æ], *[eə]: had, can

조동사 can에서는 Bath 상승 현상이 일어나지 않지만, can이 명사일 경우에는 상승 현상이 일어난다.

6.22.7

[eə]: can 'container'

Bath 상승 현상이 일어나는 환경을 일반화해 보았지만, 일반성으로 쉽게 포착할 수 없는 경우도 관찰된다. 예를 들어 후행하는 자음이 마찰음일 경우에는 대부분 상승 현상을 보이지만, 무성마찰음 /ʧ/일 경우에는 상승 현상이 일어나지 않는다.

6.22.8

[æ], *[eə]: match

그리고 음절구조에 관해서도 변이를 보인다. 지금까지 살펴본 바로는 모음과 자음이 하나의 음절을 구성할 경우, 즉 동일한 음절 내에서 Bath 상승 현상이 일어나는 것이라고 일반화할 수 있다. 이 일반화에 의하면, drag과 dragon에서 발견되는 교체현상은 쉽게 설명된다. 후행하는 유성 폐쇄음이 모음과 하나의 음절을 구성하는 drag에서는 Bath 상승 현상이 일어나지만, 후행하는 동일 자음이 뒤 음절의 두음이 되는 dragon의 경우에는 상승 현상이 일어나지 않는다.

6.22.9

a. /æ/ → [eə]	drag
b. /æ/ → [æ], *[eə]	dra.gon

하지만 재미있게도 음절구조에 의한 설명이 균일하게 적용되지는 않는다. 예를 들어 grassy의 경우에는 무성마찰음 /s/가 뒤 음절의 두음으로 음절화한다고 본다면, Bath 상승 현상이 일어나지 않아야 되는 것으로 예측된다. 그러나 이 예측과는 다르게 상승 현상이 일어난다.

6.22.10

a. /æ/ → [eə]	glass
b. /æ/ → [eə]	gla.ssy

물론 drag-dragon 짝과 glass-glassy 짝을 달리 설명할 방법도 있을 수 있다. 전자의 경우는 직접적 연관성이 있는 단어의 짝이 아닌 반면, 후자의 경우는 파생관계가 있는 단어의 짝이다.

탐구문제

1. 뉴욕 시 영어에서의 Bath 상승 현상의 음운환경을 다시 한 번 정리해 보자.
2. 음운현상에서 예외를 어떻게 다룰지에 대해 조사해 보자.
3. 파생어와 비파생어 간의 관계에 초점을 맞추어 음운현상을 설명하는 방법에는 어떤 것들이 있는지 조사해 보자.

6.23 모음비음화(Vowel Nasalization)

모음이 비음 앞에 올 때 비모음으로 변하는 현상을 말한다.

6.23.1

can [kæ̃n], man [mæ̃n], hitting [hɪɾĩŋ]

모음비음화는 모음과 비음 사이의 자음이 삭제되어, 모음이 바로 비음 앞에 오게 되는 경우에도 일어난다.

6.23.2

button [bʌʔn] →[bʌ̃n̩]

탐구문제

1. 모음비음화와 모음상승 현상의 공통점과 차이점에 대해 살펴보자.
2. 모음비음화와 모음상승, 그리고 캐나다 상승 현상의 공통점과 차이점을 조사해 보자.
3. 비음과 구강음의 변별적 자질에 대해 조사해 보자.

6.24 Bath 확장 현상(Bath-Broadening)

Bath와 같은 단어들의 기저 모음은 Trap과 같은 단어들의 모음과 똑같이 /æ/이다. 이 /æ/가 표면형에서 [æ]가 아닌, 후설모음 [ɑː] 또는 중설모음 [aː]로 변하는 현상을 Bath 확장 현상이라고 한다.

6.24.1

laugh, pass, last, staff, brass, ask, dance, sample, calf

이 현상이 일어나는 방언으로는 용인된 발음, 영국 남부 영어, 미국 동부 영어, 서인도 제도 영어, 호주 영어, 뉴질랜드 영어, 남아프리카 영어 등이 있다. 용인된 발음, 영국 남부 영어에서는 기저음 /æ/가 [ɑː]로 실현되고, 미국 동북부 영어,[10] 서인도 제도 영어, 호주 영어, 뉴질랜드 영어, 남아프리카 영어에서는 [aː]로 구현된다.

호주 영어의 경우 일부 단어에서는 이 현상이 일어나지 않는데, 주로 모음 뒤에 '비음+다른 자음'으로 된 자음군을 갖는 단어들에서 Bath 확장 현상이 일어나지 않는다.

6.24.2

[æ], *[aː] adva**nt**age, cha**nc**e, dema**nd**, exa**mp**le, pla**nt**

미국 동북부 영어 중의 하나인 뉴잉글랜드 영어에서는 Bath 확장 현상이 줄어들고 있다. 반면 Bath 상승 현상은 느는 상황이다. 따라서 Bath 류의 단어 경우 [aː]로 발음되는 것은 줄어들고 [æ]와 [eə]로 발음되는 것은 느는 추세다. 또한 뉴잉글랜드 영어에서 Bath 상승이 일어나는 환경이 Bath 확장이 일어나는 음운환경보다 더 넓다.

10) 미국 동부 영어에서는 [aː]로 구현하는 경우가 점점 줄어들고 있고, 대신 전설모음 [æ]로 발음하는 경우가 늘어나는 상황이다.

탐구문제

1. Bath 확장 현상이 일어나는 음운환경을 일반화할 수 있는지 살펴보자.
2. Bath 확장 현상이 일어나는 영어 방언을 좀 더 찾아보자.
3. 호주 영어에서 Bath 확장 현상이 일어나지 않는 경우를 일반화할 수 있는지 생각해 보자.
4. 변이규칙(variable rule)이 무엇인지 알아보자.

6.25 i-모음화(i-Vocalization)

강세를 받는 모음이 앞에 올 경우에는 발음이 나지 않다가 강세를 받는 모음이 뒤에 오는 경우에 철자 'i'가 발음되는 현상을 i-모음화라고 한다. 이 현상은 강세 앞 모음화(Pre-stress Vocalization)라고 불리기도 한다.

6.25.1

	[Ø]	[ɪ]
a.	artifícial	artificiálity
b.	sócial	sociálity
c.	presidéntial	presidentiálity

탐구문제

1. i–모음화가 일어나기 전에 철자 'i'가 발음되지 않는 이유에 대해서 알아보자.
2. 단어 artifice–artificial–artificiality가 형태론적으로 관계가 있는지 생각해 보자.
3. 단어 artifice와 artificial의 기저형을 추정해 보자.
4. 단어 artificial과 artificiality에서 나타나는 교체현상에 주목해서 어떠한 음운현상이 관여하는지 조사해 보자.
5. i–모음화 현상과 i–모음 탈락을 규칙으로 형식화해 보자.
6. i–모음화 현상과 i–모음 탈락을 최적성이론에 기반을 둔 제약으로 어떻게 표현할 수 있는지 생각해 보자.
7. 모음탈락과 구개음화 i–모음화 등을 규칙 중심 생성이론과 최적성이론에서는 어떻게 설명할 수 있는지 알아보자.
8. 단어 artificial과 artificiality에서 보이는 강세현상을 설명해 보자.

제7장
영어방언음운론과 최적성이론

7.1 들어가는 말

Chomsky & Halle(1965) 이후부터 1990년대 초반까지 음운이론의 주류가 되어 온 규칙 중심의 생성음운론(Generative Phonology)에서 방언연구는 큰 관심을 끌지 못하였다. 주요한 이유 중의 하나는 생성언어이론(Generative Linguistic Theory)의 중심적 가정과 밀접한 연관이 있을 것이다. 생성이론은, 언어연구에서 중요한 것은 언어능력(competence)을 규명하는 것이지 언어수행(performance)을 조사, 연구하는 것이 아니라고 가정한다. 이 가정은 언어학자들이 한 언어를 연구할 경우 그 언어 사용자의 언어능력을 포착하고 그 실체를 형식화하기(formalize) 위해서 이상화된(idealized) 언어 사용자의 표준적(standard)이고 변함없는(invariant) 말투를 연구 대상으로 삼는 것을 정당화시켜 주었다. 또한 지리적·사회계층적 차이에 따라 다르게 나타나는 말투,[1] 즉 방언은 이상적 언어의 구체적 구현이기 때문에 언

1) 이 책 제1장에서 밝혔지만, 엄밀히 말하면 지역, 성별, 사회계층적 차이에 따라 나타나는 음운론적(phonological) 차이를 변이(variation)라고 하고, 통사적(syntactic)·어휘적(lexical) 차이를 방언(dialect)이라고 구별해서 사용하지만 일반적으로 언어 사용자의 차이에 따라

어수행에 해당하는 것이지 언어능력에 해당하는 것이 아니라는 다소 이론적 근거가 빈약하고 독립적인 정당성이 결여된 가정이 암묵적으로 받아들여져 왔다. 이에 따라 생성음운이론 틀 안에서의 방언연구는 생성이론의 가정과 배치되는 것으로 인식되어 연구의 주 대상이 되지 못하였다.

사실 방언연구가 언어연구의 주 대상에서 배제된 것은 생성이론 이전부터였다. 소쉬르(Ferdinand de Saussure)가 언어를 랑그(langue)와 파롤(parole)로 구별하면서 랑그는 언어연구의 본질적(essential) 대상인 반면 파롤은 부수적(accessory)·우연적(accidental) 대상이라고 제안하면서부터 방언연구는 언어연구에서 큰 역할을 할 수 없었다(Bailey, 1972: 2-3). 소쉬르는 방언을 파롤에 해당되는 것으로 간주하였다. 방언연구를 경시하는 소쉬르의 생각은 미국 구조주의 언어학을 반석 위에 올려놓은 블룸필드(Bloomfield)에게도 이어졌다. 블룸필드는 언어학을 20세기 가장 발전된 학문분야로 올려놓으면서 언어연구를 위해서 철저하게 과학적인 접근 방법을 취하였다. 이러한 과정에서 블룸필드는 언어에 있어서의 "비본질적인(inessential) 방언차이를 잠정적으로 배제하였다. 이후 언어이론 발전에 공헌한 학자들은 한 언어의 변함없는 표본 언어자료(invariant samples of language)에 관심을 집중한 언어연구를 가치 있는 것으로 간주하였다"(Bailey, 1972: 4). 이러한 언어학적 흐름은 생성이론가들에게 계승되었다. 변하지 않는 표준적 언어자료는 바로 생성이론에서 말하는 이상화된 언어 사용자의 말투에 해당되는 것이다.

이후 방언연구 학자들은 생성이론가(generativist)가 아닌 것으로 인식되었으며, 따로 변동이론가(variationist)로 불렸다. 1970년대 방언연구를 주도하면서 방언연구가 언어이론 발전에 중요한 역할을 할 수 있다고 주장한 베일리(Bailey)도 변동이론가 중의 한 사람이다.

하지만 소쉬르로부터 시작된 방언이 하나의 이상적 언어의 단순한 구현 내지 수행이라고 하는 가정은 독립적으로 검증이 필요하고, 그 검증이 타당성을 가지기 전까지 우리는 그 가정을 반드시 받아들일 필요가 없다.

나타나는 음운론적 차이도 방언이라고 지칭한다. 따라서 이 장에서는 두 용어의 차이 규명이 주목적이 아니므로 편의상 일반적으로 받아들여지는 용어인 방언을 사용하고자 한다.

그 가정을 받아들이지 않는다면, 결국 방언연구를 생성음운론에서 못할 이유가 없게 되는 것이다. 이러한 인식 변화가 드디어 생성음운이론에서 결실을 보게 되었다. Prince & Smolensky(1993, 2004)가 주창한 최적성이론(Optimality Theory)에서는 방언연구가 언어연구의 한 부분으로 자리매김할 수 있게 되었다.

7.2 최적성이론에서의 방언변이 설명 방법

최적성이론의 틀 안에서 방언변이를 설명하는 방법은 여러 가지가 있다. 여기서는 그중 몇 개만 살펴보도록 한다. 우선, 언어 보편적 제약이 방언에 따라서 그 제약위계가 다르다고 가정하는 방법이 있다. 방언차이에 대한 이러한 접근방법을 편의상 재위계이론(Re-ranking Theory)이라고 명명할 수 있을 것이다. 설명을 쉽게 하기 위해서 편의상 A, B, C, D 네 개의 제약이 언어 보편적인 제약이라고 가정해 보자. 이 제약들은 개별 언어음(speech sound)이나 언어음 연쇄, 아니면 음의 구조 등의 유표성(markedness)에 관한 제약, 즉 유표성제약(markedness constraint)도 될 수 있고, 입력형(input)과 출력형(output) 간의 동일성을 강제하는 충실성제약(faithfulness constraint)이 될 수도 있다. 어쨌거나 이러한 네 개의 제약이 어떠한 위계를 보이는가에 따라 방언차이가 나타난다고 설명하는 것이 재위계이론의 특징이다. 네 개의 제약이 있을 경우, 이론상으로 가능한 방언의 수는 스물네 개(4!=4×3×2×1)가 된다.

7.2.1

a. A ≫ B ≫ C ≫ D

b. A ≫ B ≫ D ≫ C

c. A ≫ C ≫ B ≫ D

d. A ≫ C ≫ D ≫ C

⋮

이렇게 이론적으로 가능한 스물네 개의 방언 중에 실제로 나타나는 방언의 수는 훨씬 적을 것이다. 어떠한 제약 간의 위계는 방언차이에 상관없이 고정되어 있을 수 있기 때문이다.

예를 들어 아래서 보는 바와 같이 A 제약이 B, C 제약보다 상위에 있고, B, C 제약이 D 제약보다 상위에 있을 수 있다.

7.2.2

a. A ≫ B ≫ C ≫ D

b. A ≫ C ≫ B ≫ D

이처럼 한 언어 공통의 제약위계가 존재하고, 특정한 제약에서만 위계차이가 날 수 있기 때문에 실제 방언에서는 네 개의 제약이 이론적으로 가능한 계승적 유형(factorial typology)을 보이지 않게 된다.

아무튼 〈7.2.2〉의 예에서 볼 수 있는 바와 같이, 재위계이론에서는 한 방언 내에서는 제약들 간의 위계가 분명히 존재한다고 가정한다. 〈7.2.2a〉 방언에서는 B 제약이 C 제약보다 상위에 있고, 반대로 〈7.2.2b〉 방언에서는 C 제약이 B제약보다 상위에 있는 것이다.

이처럼 방언마다 특정한 그리고 엄격하게 서열화된 제약위계가 있음을 가정하는 재위계이론 이외에 방언변이를 설명하는 이론으로 무위계이론(No-ranking Theory)이 있다. 이 이론에 따르면, 〈7.2.3〉에서 보는 바와 같이 제약 사이에 위계가 없는 것으로 방언변이를 설명한다. 제약 사이에 있는 쉼표(,)는 제약 간 위계가 없음을 나타내 준다.

7.2.3

a. A, B, C, D

b. A ≫ B, C ≫ D

c. A ≫ B ≫ C, D

⋮

이러한 무위계이론은 언어와 언어 간의 차이를 설명하는 방법과 한 언어 내의 방언변이를 설명하는 방법이 다르다는 것을 전제로 한다. 즉, 언어차이를 설명함에 있어서 한 언어가 가지고 있는 제약위계는 엄격하게 서열화되어 있다고 보는 반면, 방언변이는 제약위계에서 제약 간 서열이 정해져 있지 않은 것으로 보고 있다.

7.2.4

a. 언어차이

α언어: A ≫ B ≫ C ≫ D

β언어: A ≫ C ≫ B ≫ D

b. 방언변이

α방언, β방언: A ≫ B, C ≫ D

이와 달리 재위계이론에서는 언어차이와 방언변이를 동일한 이론적 기제(theoretical machinery)로 설명한다. 즉, 각 언어나 방언은 나름대로 엄격하게 서열화된 제약위계를 갖는 것이다.

7.2.5

a. 언어차이

α언어: A ≫ B ≫ C ≫ D

β언어: A ≫ C ≫ B ≫ D

b. 방언변이

α방언: A ≫ B ≫ C ≫ D

β방언: A ≫ C ≫ B ≫ D

언어차이와 방언변이가 하나의 동일한 이론적 기제 아래 있게 된다는 재위계이론은 보편적 제약이 존재한다는 것을 잘 설명해 줄 수 있다.

또 다른 방언변이에 대한 설명 방법으로 재위계이론과 무위계이론을 혼합한 것이 있다. 이것을 혼합형이론(Mixed Theory)이라고 부를 수 있다. 혼합형이론에서는 하나의 방언이 갖는 제약위계가 엄격하게 서열화되어 있는 것도 아니고, 그렇다고 위계가 없는 것도 아니다. 또한 이 이론에서는 언어차이를 설명함에 있어서도 제약 간의 관계가 매우 유연한 것으로 가정한다.

7.2.6

a. 언어차이

α언어: A ≫ B ≫ C ≫ D

β언어: A ≫ B, C ≫ D

b. 방언변이

α방언: A ≫ B ≫ C ≫ D

β방언: A ≫ B, C ≫ D

혼합형이론은 고전적 최적성이론(Classic Optimality Theory)이라고 할 수 있는 Prince & Smolensky(1993, 2004)가 취하고 있는 입장이라고 할 수 있다.

방언변이를 설명하는 다른 이론도 있는데, 입력형의 차이를 상정하여 방언차이를 설명하는 어휘부 기반 최적성이론(Lexicon-dependent Optimality Theory)이 그것이다. 이 이론에서는 방언변이의 가장 중요한 이유 중의 하나를 각 방언이 갖는 기저형 차이라고 보고 있다. 또한 하나의 언어에 나타나는 모든 방언이 동일한 기저형을 갖는 것이 아니라 경우에 따라서 상이한 기저형을 가질 수 있다고 가정하고 있다. 이 이론은 혼합형이론과 같이 제약 간의 관계가 매우 유연한 것으로 간주하고 있다.

이와 같이 생성이론의 한 분파인 최적성이론에서는 방언변이에 대한 여러 가지 이론이 있었다. 하지만 기존의 생성이론이 채운 방언연구에 대한 족쇄가 풀렸음에도 형식적(formal) 이론적 기제를 통한 영어 방언연구가 많이 이루어진 것은 아니다.

따라서 이 장에서는 최적성이론의 틀 안에서 이루어진 연구를 몇 가지 소개하고, 이를 통해 앞으로 영어 방언에 대한 많은 연구가 이루어지길 기대해 본다. 최적성이론의 틀 안에서 영어 방언에 대한 형식적 연구가 많지 않기 때문에 여기서는 필자의 근년 연구를 간단히 소개하고자 한다. 여기서 소개된 연구를 통해 최적성이론이 갖는 장점과 기저형 문제에 관한 이론적 이슈, 그리고 여러 가지 영어 방언변이에 대해서 이해할 수 있을 것이다. 최적성이론에 입각해서 행해진 영어 방언 간의 변이에 대한 연구를 소개하기에 앞서 영어 방언에 관한 음운론적 연구에 대해서 간단히 살펴보기로 하자.

7.3 영어 방언에 관한 음운론적 연구

영어 방언에 대한 음운론적 연구로서 가장 주목할 만한 성과로는 Wells(1982)를 들 수 있다. 이 연구는 세 권의 책으로 이루어져 있으며, 지역적 차이에 따라서 영어가 어떻게 다른지 잘 보여 주고 있다. 어떠한 발음이 각 방언의 특징인지에 천착해서 방언에 따른 음운론적 특징을 기술하고 있다. 이 연구의 가장 큰 특징 중의 하나는 모음에 관한 연구를 위해 표본 어휘목록(Standard Lexical Set)을 설정하고 있다는 점이다. 모음 체계 차이를 파악하고 모음 음운현상을 포착하기 위해서 다음과 같은 표본 어휘목록을 상정하고 있다: KIT, DRESS, TRAP, LOT, STRUT, FOOT, BATH, CLOTH, NURSE, FLEECE, FACE, PALM, THOUGHT, GOAT, GOOSE, PRICE, CHOICE, MOUTH, NEAR, SQUARE, START, NORTH, FORCE, CURE, HappY, LettER, CommA.[2)] Wells(1982)는 방언연구를 형식적 언어이론에 입각해서 행하는 것이 아니라 방언 분류를 주목적으로 하므로, 언어 자료를 기술하는 것에 머물러 있다. 이러한 연구를 여기서는 편의상 비형식적(non-formal)·기술적(descriptive) 방언연구로 칭하고자 한다.

기술적 방언연구의 예로는 Holmes(1995), Trudgill, Gordon, Lewis & Maclagan(2000), Wolfram(2003), Schneider(2003), Britain(2005) 등을 들 수 있다. 이러한 비형식적 방언연구의 특징은 현재 특정 방언의 화자들이 어떤 발음을 어느 정도로 사용하고 있는지 통계를 이용해 살펴보고, 어떤 발음이 현재 더 널리 사용되고 있으며 어떤 것이 소멸하고 있는지를 조사

2) 마지막 세 어휘는 비강세 음절에 오는 모음에 초점을 두고 있다.

하고, 음변화(sound change)나 방언 변화의 방향을 기술하는 것이라고 할 수 있다. 또한 이러한 연구는 방언에 따른 발음차이의 원인이 무엇인지에 대한 답을 찾고자 하지만, 구체적인 답을 제안하지 못하고 있다. 방언차이의 원인을 언어학적(linguistic) 이유 외에 인구통계적(demographical), 역사적(historical) 또는 지리적인(geographical) 이유 등에서 찾고 있지만, 명확하게 밝히지 못하는 문제점이 있다.

다른 한편, 형식적 언어이론의 틀 안에서 이루어진 영어 방언연구도 있다. 이러한 연구를 편의상 형식적 연구라고 칭하고자 한다. 그 예로는 이재영(1999), Borowsky & Horvath(1997), Warner(2002), Koo(2003), Roh(2004), Honeybone(2005), Lee(2007a, b), 이재영 · 노근영(2008) 등을 들 수 있다. 이러한 형식적 연구는 특정 언어이론에 기대어 언어학적 이슈에 초점을 두고 있다. 예를 들면 이재영(1999)은 최적성이론에 입각해서 영어의 모음 체계를 분석하고 있다. 이러한 형식적 영어 방언연구는 이론적 문제에 천착하고 있기 때문에 비형식적 방언연구에 비해 구체적 언어 자료가 매우 한정적이라는 단점이 있다. 그럼에도 불구하고 이전의 규칙 중심 생성음운론에서 시도하지 못했던 영어 방언연구를 이론의 틀 안에서 행하면서 언어 보편적 현상과 언어능력 규명을 시도하고 있다는 점은 생성음운론 내에서의 공헌이라고 말할 수 있을 것이다.[3)]

7.3.1 모음 체계 연구: 이재영(1999)

이재영(1999)은 다양한 영어 방언에서의 모음 음소(vowel phoneme)를 연구하고, 그 방언들의 모음 체계(vowel system)를 최적성이론에서 어떻게 설명할 수 있는지를 보여 주고 있다.[4)] 이 연구는 〈7.2〉에서 논의한 방언변이에 대한 설명 방법 중 혼합형이론에 따른 것이다.

3) 이 장에서는 지면이 한정되어 있는 관계로 비형식적 영어 방언연구보다는 형식적 영어 방언연구를 소개하고자 한다. 여기에 소개하는 것은 필자가 여러 학술지를 통해 발표한 것으로서 영어방언음운론이 최적성이론의 틀 안에서 잘 분석될 수 있다는 것을 보여 주는 예에 불과하다. 또한 영어방언음운론이 이론의 검증에 도움이 될 수 있다는 점을 보여 주기 위한 것이다.

4) 아래의 내용은 이재영(1999) 중 일부를 발췌한 것이다.

여기서 연구대상이 된 방언들은 일반 미국 영어, 동북부 미국 영어, 서부 미국 영어, 남부 영국 영어, 북부 영국 영어, 스코틀랜드 영어, 남아일랜드 영어, 북아일랜드 영어, 호주 영어, 뉴질랜드 영어 등이다.

7.3.1.1

일반 미국 영어

a. 고모음: /i/, /ɪ/, /u/, /ʊ/

b. 비고모음: /e/, /ɛ/, /æ/, /o/, /ɔ/, /ʌ/, /ɑ/

7.3.1.2

남부 영국 영어, 동북부 미국 영어, 호주 영어, 뉴질랜드 영어

a. 고모음: /i/, /ɪ/, /u/, /ʊ/

b. 비고모음: /e/, /ɛ/, /æ/, /o/, /ɔ/, /ʌ/, /ɒ/, /ɑ/

7.3.1.3

서부 미국 영어

a. 고모음: /i/, /ɪ/, /u/

b. 비고모음: /e/, /ɛ/, /æ/, /o/, /ʌ/, /ɑ/

이 연구에 따르면 이들 방언이 가지고 있는 모음 음소는 다음과 같다.

7.3.1.4

북부 영국 영어

a. 고모음: /i/, /ɪ/, /u/, /ʊ/

b. 비고모음: /e/, /ɛ/, /æ/, /o/, /ɔ/, /ɒ/, /ɑ/

7.3.1.5

스코틀랜드 영어, 북아일랜드 영어

a. 고모음: /i/, /ɪ/, /u/

b. 비고모음: /e/, /ɛ/, /æ/, /o/, /ɔ/, /ʌ/

7.3.1.6

남아일랜드 영어

a. 고모음: /i/, /ɪ/, /u/, /ʊ/

b. 비고모음: /e/, /ɛ/, /æ/, /o/, /ɔ/, /ʌ/, /ɒ/

이러한 모음 음소들은 모음 체계를 이루게 되는데, "모음 체계란 모음 음소 간의 상호 관계와 균형, 그리고 지각적 거리(perceptual distance)를 고려하는 모음에 관한 전체 체계를 말한다"(이재영, 1999: 78). 이 연구에서 제안하고 있는 다양한 방언의 모음 체계는 다음과 같다.

7.3.1.7

일반 미국 영어

비원순		전설	후설	
		비원순	비원순	원순
고	긴장	i		u
	이완	ɪ		ʊ
중	긴장	e		o
	이완	ɛ	ʌ	ɔ
저	이완	æ	ɑ	

7.3.1.8

남부 영국 영어, 동북부 미국 영어, 호주 영어, 뉴질랜드 영어

		전설	후설	
		비원순	비원순	원순
고	긴장	i		u
	이완	ɪ		ʊ
중	긴장	e		o
	이완	ɛ	ʌ	ɔ
저	이완	æ	ɑ	ɒ

7.3.1.9

서부 미국 영어

		전설	후설	
		비원순	비원순	원순
고	긴장	i		u
	이완	ɪ		
중	긴장	e		o
	이완	ɛ	ʌ	
저	이완	æ	ɑ	

7.3.1.10

북부 영국 영어

		전설	후설	
		비원순	비원순	원순
고	긴장	i		u
	이완	ɪ		ʊ
중	긴장	e		o
	이완	ɛ		ɔ
저	이완	æ	ɑ	ɒ

7.3.1.11

스코틀랜드 영어, 북아일랜드 영어

		전설	후설	
		비원순	비원순	원순
고	긴장	i		u
	이완	ɪ		
중	긴장	e		o
	이완	ɛ	ʌ	ɔ
저	이완	æ		

7.3.1.12

남아일랜드 영어

		전설	후설	
		비원순	비원순	원순
고	긴장	i		u
	이완	ɪ		ʊ
중	긴장	e		o
	이완	ɛ	ʌ	ɔ
저	이완	æ		ɒ

이재영(1999: 87)은 이러한 영어 방언의 모음 체계를 최적성이론에 입각하여 분석하면서, 제약의 위계가 변함에 따라 다양한 모음 체계가 나옴을 보여 주고 있다. 이재영(1999)이 제안한 제약은 다음과 같다.

7.3.1.13

a. Maintain 11 V Contrasts: 최소한 11개의 모음이 대조되어야 한다.

b. Maintain 12 V Contrasts: 최소한 12개의 모음이 대조되어야 한다.

c. Maintain 13 V Contrasts: 최소한 13개의 모음이 대조되어야 한다.

d. *[-high, -low]: 모음은 중모음이 되어서는 안 된다.

e. *[+high, -tense]: 고모음은 이완모음이 되어서는 안 된다.

f. *[+low, +round]: 저모음은 비원순 모음이어야 한다.

g. *[+back, -round]: 후설모음은 비원순모음이 되어서는 안 된다.

h. *ɑ: 저모음 ɑ는 선택되지 않는다.

이 제약 간의 역동적 순위 차이에 의해서 영어 방언의 다양한 모음 체계가 형성된다고 이 연구는 주장하고 있다. 우선 남부 영국 영어, 동북부 미국 영어, 호주 영어, 뉴질랜드 영어의 모음 체계는 〈7.3.1.14〉에 적시한 제약위계(constraint hierarchy)로부터 나온 것이다.

7.3.1.14

Maintain 11 V Contrasts ≫ Maintain 12 V Contrasts ≫ *[+low, +round], *[+back, -round], *[+high, -tense], *[-high, -low] ≫ Maintain 13 V Contrasts ≫ *ɑ

	Maintain 11 V Contrasts	Maintain 12 V Contrasts	*[+low, +round]	*[+back, -round]	*[+high, -tense]	*[-high, -low]	Maintain 13 V Contrasts	*ɑ
☞ a. i-ɪ-e-ɛ-æ-ɑ-ɒ-ɔ-o-ʊ-u-ʌ			*	**	**	*****	*	*
b. i-ɪ-e-ɛ-æ-ɑ-ɔ-o-ʊ-u-ʌ		*!		**	**	*****	*	*
c. i-ɪ-e-ɛ-æ-ɑ-o-u-ʌ	*!	*		**	*	****	*	*
d. i-ɪ-e-ɛ-æ-ɑ-ɒ-ɔ-o-ʊ-u		*!	*	*	**	****	*	*
e. i-ɪ-e-ɛ-æ-ɔ-o-u-ʌ	*!	*		*	*	*****	*	
f. i-ɪ-e-ɛ-æ-ɒ-ɔ-o-ʊ-u-ʌ		*!	*	*	**	*****	*	
g. i-ɪ-e-ɛ-æ-ɑ-ɔ-o-ʊ-u-ɨ-ʌ-ɒ			*	**!*	***	*****		*

〈7.3.1.14〉의 제약위계가 아닌 다른 제약위계에 의해서 다른 방언의 모음 체계가 설명된다. 그 내용을 요약하면 아래와 같다.

7.3.1.15

a. 일반 미국 영어

Maintain 11 V Contrasts ≫ *[+low, +round] ≫ *[+back, −round], *[+high, −tense] ≫ *[−high, −low] ≫ Maintain 12 V Contrasts ≫ Maintain 13 V Contrasts ≫ *ɑ

b. 서부 미국 영어

*[+low, +round] ≫ *[+high, −tense], *[−high, −low] ≫ *[+back, −round] ≫ Maintain 11 V Contrasts ≫ Maintain 12 V Contrasts ≫ Maintain 13 V Contrasts ≫ *ɑ

c. 북부 영국 영어

Maintain 11 V Contrasts ≫ *[+high, −tense], *[−high, −low], *[+back, −round] ≫ *[+low, +round] ≫ Maintain 12 V Contrasts ≫ Maintain 13 V Contrasts ≫ *ɑ

d. 스코틀랜드 영어, 북아일랜드 영어

*[+low, +round] ≫ *[+high, −tense], *[+back, −round] ≫ *[−high, −low] ≫ Maintain 11 V Contrasts ≫ Maintain 12 V Contrasts ≫ Maintain 13 V Contrasts ≫ *ɑ

e. 남아일랜드 영어

Maintain 11 V Contrasts ≫ *ɑ ≫ *[+low, +round] ≫ *[+high, −tense], *[+back, −round], *[−high, −low] ≫ Maintain 12 V Contrasts ≫ Maintain 13 V Contrasts

이재영(1999)은 영어 방언의 모음 체계를 최적성이론에 의거, 분석하면서 방언차이도 언어 간 차이와 동일한 이론적 기제를 사용해서 설명할 수 있음을 보여 주고 있다. 모음 체계 연구의 연장으로서 모음 음소 통합(merger)에 대한 연구도 있다.

7.3.2 모음 음소 통합 연구: 이재영 · 노근영(2008)

이재영 · 노근영(2008)은 최적성이론을 이론적 틀로 사용하면서 영국 제도의 여러 방언에 나타나는 홑모음(monophthong) 음소 통합 현상을 분석하고 있다. 이재영(1999)과 마찬가지로 이 연구도 혼합형이론에 의해서 영어 방언변이를 설명하고 있다.[5)]

대립을 보이던 두 음소(phoneme)가 더는 대립을 보이지 않고 한 음소로 수렴되는 음운현상을 음소 통합 현상이라고 일컫는다. 지금까지 영어 음운론에서 형식적, 이론적으로 음소 통합현상을 다루는 예는 거의 없었다. 따라서 이 연구는 영어 방언에서의 음소 통합 현상을 다루는 선구적 연구로 인정받을 수 있을 것이다.

모음 통합 현상은, 곧 모음 체계에서 대립을 이루던 음소 중 하나가 사라져 모음 체계에 변화가 생김을 의미한다. 그러므로 한 언어의 모음 통합 현상을 연구함으로써 현재 그 언어의 모음 체계가 변화하는 양상을 알 수 있으며, 더불어 그 미래를 예측할 수 있다. 이렇듯 모음 통합 현상의 연구는 모음 체계를 연구하는 데에도 중요성을 지닌다. 이재영 · 노근영(2008)이 소개하는 모음 통합이 일어나는 영어 방언들로는 영국 제도에서 쓰는 방언 중 스코틀랜드 영어, 북아일랜드 영어, 남동 웨일스 영어를 꼽을 수 있다.[6)] 이들 방언에서 모음 통합이 일어날 때 그 대상이 어떤 모음인지에 따라 다음의 〈7.3.2.1〉과 같이 네 가지 유형으로 나눌 수 있다.

5) 아래의 내용은 이재영 · 노근영(2008) 중 일부를 발췌한 것이다.

6) 이재영 · 노근영(2008)은 모음 통합이 일어나지 않는 방언의 모음 체계를 다음과 같이 제안

7.3.2.1

영국 제도에서의 네 가지 모음 통합

유형	용어(Wells, 1982)	방언
a. ʊ–u 통합	FOOT–GOOSE 통합	스코틀랜드 영어 북아일랜드 영어
b. ɒ–ɔ 통합	LOT–THOUGHT 통합	스코틀랜드 영어 북아일랜드 영어
c. æ–ɑ 통합	TRAP–PALM 통합	스코틀랜드 영어 북아일랜드 영어
d. ʌ–ə 통합	STRUT–SCHWA 통합	남동 웨일스 영어

스코틀랜드 영어와 북아일랜드 영어에서는 모음 통합이 세 가지 종류로 발견되고, 웨일스 영어에서는 모음 통합이 하나만 나타난다. 앞서 언급한 바와 같이 모음 통합은 두 모음 중 하나가 사라지고 나머지 하나의 모음에 흡수되는 현상을 가리키므로 스코틀랜드 영어, 북아일랜드 영어, 남동 웨일스 영어의 모음 체계는 열세 개보다 적은 수의 홑모음을 갖게 된다.

하고 있다. 이 체계는 열세 개의 모음으로 구성된다.

비원순(Unround)		전설(Front)	후설(Back)	
		비원순(Unround)	비원순(Unround)	원순(Round)
고(High)	긴장(Tense)	i		u
	이완(Lax)	ɪ		ʊ
중(Mid)	긴장	e	ʌ	o
	이완	ɛ	ə	ɔ
저(Low)	이완	æ	ɑ	ɒ

이 체계의 특징 중 하나는 음소 /ʌ/와 /ə/를 긴장모음 대 이완모음으로 분류하고 있다는 점이다. 이에 대한 좀 더 자세한 논의는 이재영·노근영(2008: 5-6)을 참조하기 바란다.

7.3.2.2

a. 스코틀랜드 영어와 북아일랜드 영어의 모음 체계

		전설	후설	
		비원순	비원순	원순
고	긴장	i		u
	이완	ɪ		
중	긴장	e	ʌ	o
	이완	ɛ	ə	ɔ
저	이완	æ		

b. 남동 웨일스 영어의 모음 체계

		전설	후설	
		비원순	비원순	원순
고	긴장	i		u
	이완	ɪ		ʊ
중	긴장	e		o
	이완	ɛ	ə	ɔ
저	이완	æ	ɑ	ɒ

〈7.3.2.2〉에 나온 홑모음 통합 현상에서 나타나는 몇 가지 특징이 있다. 우선, 모음 통합 현상을 보이는 모음의 종류를 살펴보면, 전설모음과 후설모음의 비대칭성(asymmetry)이 보인다.

7.3.2.3

전설모음과 후설모음의 비대칭성

통합 참여	전설모음	후설모음
O	æ	ʊ, u, ʌ, ɒ, ɔ, ɑ, ə
X	i, ɪ, e, ɛ	o

다음으로, 이재영 · 노근영(2008)은 모음 통합의 방향성을 〈7.3.2.4〉와 같이 포착하고 있다.

7.3.2.4

모음 통합 현상의 방향성

		전설	후설	
		비원순	비원순	원순
고	긴장	i		u ↑ (a)
	이완	ɪ		ʊ
중	긴장	e	↓ ʌ (d)	o
	이완	ɛ	ə	ɔ ↑ (b)
저	이완	æ ← (c)	ɑ	ɒ

	통합 결과	방향
ʊ–u 통합(a)	u	이완모음 → 긴장모음
ɒ–ɔ 통합(b)	ɔ	저모음 → 중모음
æ–ɑ 통합(c)	æ	후설모음 → 전설모음
ʌ–ə 통합(d)	ə	긴장모음 → 이완모음

또한 이 연구는 모음의 통합 범위에 대해서도 중요한 점을 시사한다. 즉, 모음 통합이 일어날 때, 이웃한 두 개의 모음 사이에서만 통합이 일어난다는 것이다. 예를 들어 모음 /ɒ/는 자신의 바로 위에 위치한 모음 /ɔ/와 통합될 뿐 그보다 더 위에 위치한 모음인 /o/ 등과는 통합되지 않는다.

이재영·노근영(2008)의 연구에서 제시된 해석에 따르면, 모음 통합 현상은 유표적인(marked) 모음과 무표적인(unmarked) 모음 중 후자를 선호하여 모음 체계에 남기려고 하므로 일어난다고 본다. 예컨대 두 고모음 /ʊ/와 /u/가 통합되는 경우를 살펴볼 때, /u/가 긴장도 상 덜 유표적이므로 그대로 남고, 이에 반해 /ʊ/는 유표적인 이완 고모음이므로 사라지게 된다. ɒ–ɔ 통합에서는, ɒ는 후설 저모음이자 원순모음으로써 유표적인 모음이다. 따라서 유표적인 후설 원순 저모음이 한 단계 상승해서 후설 중모음이 됨으로써 원순성을 그대로 유지한다. 그다음 ʌ–ə 통합의 경우에 /ə/는 중립 모음(neutral vowel)이라고 하여 모음 중에서 가장 흔한 모음(Giegerich, 1992; Roca & Johnson, 1999)이므로 /ə/가 /ʌ/보다 무표적이고, 이에 따라 /ʌ/가 /ə/로 흡수되는 것이다. 끝으로, 영어에서의 음의 분포상 전설 비원순 저모음이 후설 비원순 저모음보다 무표적이므로 æ-ɑ 통합도 유표적인 모음이 무표적인 모음으로 통합되는 현상이라고 할 수 있다.

또한 이재영 · 노근영(2008)은 모음이 통합될 때 모음의 고저와 원순성은 그대로 유지된 채 오직 하나의 자질만이 바뀜을 포착하였다.

7.3.2.5

음운자질 변화로 본 모음 통합

통합 전	통합 후	변화되는 자질	유지되는 자질
ʊ-u	u	[-tense] → [+tense]	[+high, +round]
ɒ-ɔ	ɔ	[+low] → [-low]	[-high, +round]
æ-ɑ	æ	[+back] → [-back]	[-high, -round]
ʌ-ə	ə	[+tense] → [-tense]	[-high, -round]

이재영 · 노근영(2008)의 연구는 최적성 이론의 틀 안에서 영어 방언의 모음 통합 현상의 특징을 설명한다. 이를 위해 세 가지 제약, 즉 충실성제약과 유표성제약, 그리고 국부적 연접제약(local conjunction constraints)을 도입하고 있다.

먼저, 직접 연관되는 충실성제약으로서 입력형의 자질이 출력형에도 그대로 유지될 것을 요구하는 IDENT(F)의 필요성을 주장한다. 자질 '[F]'라 함은 [high], [round], [low], [back], 그리고 [tense] 등을 말한다. 모음 통합 시에 고저와 원순성이 유지되는 현상은 IDENT(F) 중에서 IDENT(high)와 IDENT(round) 제약에 의해서 그러한 것인데, 이들이 다른 제약들과는 달리 위배되지 않는다고 상정하기 때문이다.

다음으로, 국부적 연접제약을 통해 하나의 자질만이 바뀌는 것을 설명할 수 있다. 이재영 · 노근영(2008)이 도입하고 있는 이 제약은 동시에 두 가지 자질이 바뀌는 것은 용인되지 않고 오직 하나의 자질이 변하는 것만이 용인되는 현상을 잘 보여 준다. 이 연구는, 영어에서 일어나는 모음 통합 현상을 설명함에 있어서 직접적으로 연관되는 연접제약이 바로 [IDENT(low)&IDENT(back)]vowel과 [IDENT(back)&IDENT(tense)]vowel이라고 주장한다. 그리고 제약위계에 대한 일반적 규약에 따라 이 연접제약이 그 구성 제약보다 상위에 있다는 견해를 받아들인다.

7.3.2.6

a. [IDENT(low)&IDENT(back)]vowel ≫ IDENT(low), IDENT(back)

b. [IDENT(back)&IDENT(tense)]vowel ≫ IDENT(back), IDENT(tense)

이렇듯 연접제약을 도입함으로써 모음 통합의 범위가 왜 인접하는 두 가지 모음 사이에만 국한되는지에 대해 잘 설명할 수 있다. 예를 들어 ɑ-æ 통합과 ɑ-ɛ 통합을 비교해 보자. ɑ-æ 통합은 실제로 발생하지만 ɑ-ɛ 통합은 실제로 발생하지 않음을 알 수 있다. /ɑ/가 /æ/로 통합될 시에는 IDENT(back) 제약을 위반하지만, IDENT(low) 제약을 위반하지 않아서 연접제약 [IDENT(low)&IDENT(back)]vowel을 위반하지 않는다. 이에 반해 /ɑ/가 /ɛ/로 통합될 때에는 동시에 IDENT(back)와 IDENT(low) 제약을 위반하여 이 연접제약을 위반하게 된다. 그러므로 ɑ-æ 통합은 가능하지만 ɑ-ɛ 통합은 불가능하다는 사실을 연접제약의 도입을 통해 설명할 수 있다. 〈7.3.2.6a, b〉에서 제시된 두 연접제약은 서로 직접적으로 무관하므로 이들 제약 사이의 위계는 정당화되지 않는다.

이재영·노근영(2008)의 연구는 Padgett(2003)에 의해 제안된 음의 체계에 관한 충실성제약 *MERGE-IO를 도입하고 있다. 이 제약을 도입하는 목적은 모음 통합이 발견되지 않는 영어 방언에서는 입력부의 모음 체계가 출력부에도 온전히 유지되는 반면에 모음 통합이 발견되는 방언에서는 입력부의 모음들 간에 대립이 감소하는 것을 설명하고자 하는 데에 있다.

7.3.2.7

*MERGE-IO: 입력형에서 보이는 음의 대립관계가 출력형에서도 유지되어야 한다.

이 충실성제약과 연접제약 사이에는 제약순위가 존재한다. 모음 통합의 발생은 곧 *MERGE-IO를 위반함을 가리키므로 연접제약이 *MERGE-IO의 상위에 있다고 할 수 있다. 반면에 모음 통합이 발견되지 않는 방언에서는 *MERGE-IO 제약이 연접제약의 상위에 있다고 할 수 있다.

7.3.2.8

a. 모음 통합이 일어나는 방언

[IDENT(low)&IDENT(back)]vowel, [IDENT(back)&IDENT(tense)]vowel ≫ *MERGE-IO ≫ IDENT(low), IDENT(back)

b. 모음 통합이 일어나지 않는 방언

*MERGE-IO ≫ [IDENT(low)&IDENT(back)]vowel, [IDENT(back)&IDENT(tense)]vowel ≫ IDENT(low), IDENT(back)

충실성제약뿐만 아니라 유표성제약도 모음 통합을 설명함에 있어서 필요한데, 그 이유는 모음 통합의 목적이 유표적 모음의 수를 줄이는 데에 있기 때문이다. 이에 따라 이재영 · 노근영(2008)의 연구에서는 직접 연관이 있는 제약으로서 아래의 제약들이 제안된다.[7)]

7.3.2.9

*ʊ, *u, *ɒ, *ɔ, *ɑ, *æ, *ʌ, *ə

이재영 · 노근영(2008)의 주장을 따르면, 이 제약들이 *MERGE-IO 제약과 가지는 위계순서에 따라 영어 방언의 차이가 나타난다고 한다. 먼저, 스코틀랜드 영어와 북아일랜드 영어에서의 홑모음 모음 체계는 다음과 같은 위계로 설명이 가능하다.[8)]

7) 이재영(1999)은 영어의 홑모음 음소 체계 분석에서 *ɑ를 제안하였고, *ʊ, *ɒ, *ʌ는 각각 *[+high, -tense], *[+low, +round], *[+back, -round]로 표현하였다.

8) 이재영 · 노근영(2008)은 입력형을 모음 통합이 일어나지 않는 방언들의 모음 체계로 가정한다.

7.3.2.10

*ʊ, *ɒ, *ɑ ≫ *MERGE-IO ≫ *u, *ɔ, *æ, *ʌ, *ə

/i-ɪ-e-ɛ-o-u-ʊ-ɔ-ɒ-æ-ɑ-ə-ʌ/	*ʊ	*ɒ	*ɑ	*MERGE-IO	*u	*ɔ	*æ	*ʌ	*ə
☞ a. i-ɪ-e-ɛ-o-u-ɔ-æ-ə-ʌ				*	*	*	*	*	*
b. i-ɪ-e-ɛ-o-u-ʊ-ɔ-ɒ-æ-ɑ-ə-ʌ	*!	*	*		*	*	*	*	*
c. i-ɪ-e-ɛ-o-u-ʊ-ɔ-ɒ-æ-ɑ-ə	*!	*	*	*	*	*	*		*

⟨7.3.2.10a⟩는 승리자로서 상위에 위치한 제약들인 *ʊ, *ɒ, *ɑ를 모두 만족시킨다. 이에 반해 후보자인 ⟨7.3.2.10b⟩와 ⟨7.3.2.10c⟩는 상위 제약들인 *ʊ, *ɒ, *ɑ를 모두 위반하고 있다. 그러므로 바로 ⟨7.3.2.10a⟩가 세 가지 통합으로 세 개의 유표 모음이 없어 최적형으로 선택된다.

다음으로, 다음과 같은 위계로 웨일스 영어를 설명할 수 있다: *ʌ ≫ *MERGE-IO ≫ *ʊ, *ɒ, *ɑ, *u, *ɔ, *æ, *ə.

끝으로, 모음 통합이 발생하지 않는 방언에서는 *MERGE-IO 제약이 유표성 제약의 상위에 위치하게 된다: *MERGE-IO ≫ *u, *ʊ, *ɔ, *ɒ, *ɑ, *æ, *ʌ, *ə.

결론적으로, 이재영 · 노근영(2008)의 연구에서 주장되는 각 영어 방언에 따른 제약 간의 위계는 아래와 같다.

7.3.2.11

a. 스코틀랜드 영어, 북아일랜드 영어

[IDENT(low)&IDENT(back)]vowel, [IDENT(back)&IDENT(tense)]vowel, *ʊ, *ɒ, *ɑ ≫ *MERGE-IO ≫ IDENT(F), *u, *ɔ, *æ, *ʌ, *ə

b. 남동 웨일스 영어

[IDENT(low)&IDENT(back)]vowel, [IDENT(back)&IDENT(tense)]vowel, *ʌ ≫ *MERGE-IO ≫ IDENT(F), *u, *ʊ, *ɔ, *ɒ, *ɑ, *æ, *ə

c. 모음 통합이 일어나지 않는 방언

*MERGE-IO ≫[IDENT(low)&IDENT(back)]vowel,

IDENT(back)&IDENT(tense)]vowel ≫ IDENT(F), *u, *ʊ, *ɔ, *ɒ, *ɑ, *æ, *ʌ, *ə

이 연구는 제약위계의 차이를 통해 여러 영어 방언에서 발견되는 모음 통합 현상을 설명할 뿐만 아니라 이들 방언 간의 변이도 보여 준다. 최적성이론에 의거해서 이루어진 자음에 관한 방언연구도 있다.

7.3.3 음절말 자음 /r/ 연구: Lee(2007b)

Lee(2007b)는 음절 각음(syllable coda)에 위치하는 /r/의 방언 간 변이현상을 새로운 유형의 최적성이론인 어휘부 기반 최적성이론(lexicon-dependent Optimality Theory)으로 분석하고 있다.[9)]

음절 각음의 /r/과 관련된 현상에는 /r/-연결(Linking), /r/-삽입(Intrusion), /r/-삭제(Deletion)가 있다.

7.3.3.1

a. /r/-연결: /mar+ɪz/ → [marɪz] 'mar is'

b. /r/-삽입: /spa+ɪz/ → [sparɪz] 'spa is'

c. /r/-삭제: /mar/ → [ma] 'mar'

/r/-연결은 어원적인(etymological) /r/이 음절 말음의 위치임과 동시에 형태소 끝의 위치에 있을 때 이 형태소가 하나의 독립적 단어로 발음되는 경우에는 발음되지 않지만, 모음으로 시작되는 단어가 뒤따르는 경우에는 /r/이 발음되는 경우를 일컫는 음운현상이다. /r/-삽입이란 모음으로

9) 아래 내용은 Lee(2007b)의 중요한 부분을 발췌 번역한 것이다.

끝나는 단어가 모음으로 시작되는 다른 단어와 연접할 때 어원적으로는 존재하지 않던 /r/이 발음되는 현상을 말한다. /r/-삭제는 음절 각음의 위치임과 동시에 형태소 끝의 위치에 있는 /r/이 하나의 독립적 단어로 발음되는 경우에 탈락되는 현상을 말한다.

이 세 가지 현상이 일어나는지에 따라 Lee(2007b)는 영어 방언을 다음과 같이 네 가지 유형으로 분류한다.

7.3.3.2

방언 유형	/r/-연결	/r/-삽입	/r/-삭제
A	Yes	No	No
B	Yes	No	Yes
C	Yes	Yes	Yes
D	No	No	Yes

/r/-삭제가 일어나지 않는 A유형 방언은 모음 뒤의 /r/을 발음하는 방언이고, /r/-삭제가 일어나는 B, C, D 유형 방언은 모음 뒤의 /r/을 발음하지 않는(non-rhotic) 방언이다. 이러한 유형 분류는 기존의 영어음운론 연구에서 보여 주던 /r/-발음 방언(rhotic dialect)과 /r/-묵음 방언(non-rhotic dialect) 두 유형으로, 영어 방언을 분류하던 것과는 차이를 보여 준다.

Lee(2007b)가 주장하는 영어 방언 분류는 다음과 같다.

7.3.3.3

방언 유형	예
A	• 캐나다 영어, 아일랜드 영어, 스코틀랜드 영어 • 동부 매사추세츠 영어와 미국 남부 영어를 제외한 대부분 미국 영어 • 캐리비안 영어의 일부
B	• 표준 영국 남부 영어
C	• 영국 영어 중 /r/-묵음 방언 • 동부 매사추세츠 영어
D	• 미국의 북남부 영어

Lee(2007b)는 이러한 영어 방언을 조사하면서 몇 가지 의미 있는 발견을 하게 된다. 그중 중요한 것은 그동안 영어 방언 분류에서 다루지 않았던 D유형의 방언을 찾아냄으로써 음절 말음 /r/과 관련된 음운현상을 더 폭넓게 이해하는 데 공헌한 점이다. 또한 이전 연구들은 한 방언에서 /r/-연결과 삽입이 동시에 일어나거나 그렇지 않으면 둘 다 일어나지 않는다고 본 반면, 〈7.3.3.2〉의 A, B 유형의 방언에서 보듯이 /r/-연결 및 삽입이 같이 행동하지 않을 수도 있다는 것을 보여 준 점이 Lee(2007b)의 연구 성과라고 볼 수 있다.

/r/-연결, 삽입, 삭제에 대해 많은 기존 연구가 있었는데, 그 연구들은 방언차이에 대한 분명한 입장이 없으면서 어원적 /r/은 기저형에 이미 존재하고, 비어원적 /r/은 기저형에 존재하지 않는다고 명시적으로든 암묵적이든 가정하고 있다(McCarthy, 1993; Kang, 1998; Hwangbo, 1998; Bakovic, 1999; Ortmann, 1999; Orgun, 2001; Hong, 2004; Uffmann, 2005). 이와 달리 Lee(2007b)는 기저형이 방언마다 다를 수 있다는 가정(polylectal hypothesis)을 취하면서 방언 유형에 따라 각기 다른 기저형을 상정하고 있다.

7.3.3.4

기저형

방언 유형	'mar is'	'spa is'	'mar'
A	marɪz	spaɪz	mar
B	marɪz	spaɪz	mar
C	marɪz	sparɪz	mar
D	maɪz	spaɪz	ma

예를 들면 /r/-삽입이 일어나는 C유형 방언의 경우, /r/-삽입이 일어나지 않는 다른 방언들과 달리 기저에 비어원적인 /r/이 존재한다고 본다. 또한 /r/-연결이 일어나지 않는 방언(D유형)의 경우, /r/-연결이 일어나는 다른 방언들과 달리 기저에 어원적인 /r/이 없다고 본다. 그리고 D유형 방언의 경우, /r/로 끝나는 형태 'mar'가 단독으로 발음 시 /r/-삭제가 일어나 어말의 /r/이 없어지고, 뒤에 모음이 올 때 /r/-연결이 일어나지 않으므로 모음으로 시작하는 단어 앞에 오는 어말 /r/ 역시 발음되지 않

는다. 따라서 'mar'라는 단어가 기저형에 /r/을 가지고 있다는 증거가 없으므로 'mar'의 기저형을 /ma/로 가정한다.[10)]

이러한 기저형 문제를 중요한 이론적 이슈로 부각시키면서 Lee(2007b)는 어휘부의 기능을 중시해야 한다는 어휘부 기반 최적성이론(Lexicon-based Optimality Theory)을 제안하고 있다. Lee(2007b)는 /r/에 관련된 음운 현상을 다루는 여러 접근법 중에 삭제 접근법(deletion approach)을 취하고 있다고 할 수 있다.

Lee(2007b)에 따르면, 세 가지 제약의 위계가 달라짐에 따라 각 방언에서 나타나는 /r/-연결, 삽입, 삭제에 관한 올바른 형태가 선택된다. 관련 제약과 그 순위는 아래와 같다.

7.3.3.5

a. 관련 제약

IDENT(F): 입력부와 출력부의 자질은 같아야 한다.

ONSET: 음절은 두음이 있어야 한다.

CODA-COND$_{\text{[liquid, laminal]}}$: 자질 [liquid, laminal]은 말음 위치에서 허가되어서는 안 된다.[10)]

b. 제약 순위

i. 유형 A: IDENT(F) ≫ ONSET, CODA-COND

ii. 유형 B: CODA-COND ≫ IDENT(F) ≫ ONSET

iii. 유형 C: ONSET, CODA-COND ≫ IDENT(F)

iv. 유형 D: CODA-COND, IDENT(F) ≫ ONSET

Lee(2007b)가 제안하는 어휘부 기반 최적성이론이 기저형의 풍부성이라는 최적성이론의 중요한 원리를 어기기 때문에 이 이론에 이의를 제기할 수도 있다. 하지만 Lee(2007b)는 기저형의 풍부성이 모음 뒤 /r/에 관

10) 기저형에 관한 자세한 논의는 여기서 생략한다. 이에 관련된 상세한 논의는 Lee(2007b)를 참조하기 바란다.

련한 영어 방언 간의 변이를 분석하는 데 문제가 있음을 지적하며, 어휘부 기반 최적성이론의 정당성을 논증한다.[11)]

마지막으로 Lee(2007b)는 어휘부 기반 최적성이론의 다른 장점을 언급한다. 이 이론은 모음 사이가 아닌 형태소 말에서의 /r/-삽입을 설명할 수 있다.

7.3.3.6

China[r], banana[r]

Lee(2007b)에 따르면, 형태소 말의 /r/이 사우스햄프턴 영어(Southampton English) 같은 방언들에서는 어휘부에 저장이 되어 있다고 가정하고, 유형 A 방언의 위계를 적용하면 형태소 말에서의 /r/-삽입이 설명된다: IDENT(F) ≫ ONSET, CODA-COND.

또한 그의 이론은 몇몇 방언에서 나타나는 /l/-삽입을 잘 설명할 수 있다. /l/-삽입이 일어나는 방언들의 경우 /r/대신에 /l/이 어휘부에 저장되어 있고, 유형 C 방언의 위계로 설명된다: ONSET, CODA-COND ≫ IDENT(F).

반면 기존의 연구는 이러한 현상들을 제대로 설명하지 못한다.

7.3.4 음절초 자음 /h/ 연구: Lee(2007a)

Lee(2007a)도 어휘부 기반 최적성이론에 입각하여 영어의 변이현상을 분석하고 있다. 여기서 다루는 것은 음절 초(syllable-initial)에서 일어나는 두 가지 현상인 /h/음의 삭제 현상과 삽입 현상이다.

7.3.4.1

a. /h/-삭제

/h/arm → [Ø]arm, /h/oly → [Ø]oly, /h/igh → [Ø]igh

b. /h/-삽입

egg → [h]egg, angel → [h]angel

이 두 현상이 일어나는지 아닌지에 따라 영어 방언 간의 변이가 일어나고 있고, 영어 방언은 /h/ 삭제와 삽입의 패턴에 따라 다음과 같이 분류된다고 Lee(2007a)는 주장한다.

7.3.4.2

방언 유형	/h/-삭제	/h/-삽입	예
A	Yes	No	용인된 발음
B	No	No	일반 미국 영어
C	Yes	Yes	바하마 영어(Bahaman English)

각 유형에 속하는 다른 방언들은 다음과 같다.

7.3.4.3

a. A 유형

i. 영국 제도(The British Isles)

스코틀랜드 영어, 아일랜드 영어, 동북부 영어, 동부 영어, 중북부 영어, 중랭카셔 영어, 머지사이드 영어, 서북부 중앙 영어, 험버사이드 영어, 동부 중앙 영어, 서중앙 영어, 남중앙 영어, 웨일스 영어, 서남 동부 영어, 서남 서부 영어, 동남부 영어

ii. 영국 제도 이외의 지역

호주 영어, 자메이카 영어, 기니아 영어, 채널아일랜드 영어, 카메룬 영어

b. B 유형

표준 캐나다 영어

c. C 유형

뉴햄프셔 영어, 뉴펀들랜드 영어

11) 보다 자세한 논증과 제약위계가 어떻게 방언 차이를 가져오는지에 대한 것은 Lee(2007b)를 참조하기 바란다.

이렇게 /h/와 관련해서 영어 방언의 유형을 분류하고 나서 Lee(2007a)는 세 가지 유형 중 C유형의 방언에 초점을 맞춘다. C유형에 속하는 바하마 영어에서는 /h/-삭제와 /h/-삽입이 음절 두음이라는 동일한 음운환경에서 일어나는데, 이 점에서 이 두 현상이 역설적이라고 Lee(2007a)는 지적한다. 그러면서 한 문법(방언) 안에서 일어나는 두 현상이 역설적인 이유를 어휘부 기반 이론을 통해서 쉽게 설명하고 또한 규칙 기반 이론에서는 이 역설적 현상을 해결하는 방법이 없음을 잘 보여 준다. 다음으로 Lee(2007a)는 역설적 현상에 대한 해결책을 최적성이론에 기대어 제시하고 있다.

규칙 기반 이론에서는 /h/-삭제와 /h/-삽입을 각각 두 개의 규칙으로 설명할 수 있다.

7.3.4.4

a. h-삭제 h → ø / $_\sigma$[_V

b. h-삽입 ø → h / $_\sigma$[_V

A 유형에 속하는 방언들이 〈7.3.4.4a〉의 규칙을 문법에 가지고 있고, B 유형에 속하는 방언들은 〈7.3.4.4a, b〉 규칙 모두를 가지고 있지 않다고 하면, 이 두 유형의 방언은 설명된다. 그러나 C 유형에 속하는 방언들의 경우 〈7.3.4.4a, b〉 규칙 모두를 문법에 가지고 있다고 설명을 해야 하는데, 여기서 문제가 생긴다. 〈7.3.4.4a, b〉의 규칙은 똑같은 환경에서 적용되는 규칙이므로 그들 사이에 적용 순서가 필요하다. 세부적 음운환경을 갖는 규칙이 덜 세부적인 음운환경을 갖는 규칙보다 더 먼저 적용되어야 한다는 여타 조건(elsewhere condition)에 의해서는 두 규칙 사이의 순서를 정할 수 없다. 따라서 외재적인(extrinsic) 규칙 순서나 동시적인(simultaneous) 규칙 적용에 의존할 수밖에 없다.

7.3.4.5

a. /h/-삽입 규칙보다 /h/-삭제 규칙을 먼저 적용할 경우

	harm	egg
h-삭제	øarm	NA (적용불가능)
h-삽입	*harm	hegg

b. /h/-삭제 규칙보다 /h/-삽입 규칙을 먼저 적용할 경우

	harm	egg
h-삽입	NA	hegg
h-삭제	[ø]arm	*[ø]egg

c. /h/-삭제 규칙과 /h/-삽입 규칙을 동시에 적용할 경우

i. harm → øarm, harm, øarm, harm …

ii. egg → hegg, egg, hegg, egg …

위에서 보듯이 세 가지 규칙 적용 방법 모두가 제대로 된 출력형을 예측해 내지 못한다. 외재적인 규칙순서 〈7.3.4.5a, b〉에 의지할 경우, harm 또는 egg에 대한 잘못된 출력형을 보여 준다. 동시 적용의 경우, 순환성(circularity)과 비결정성(indeterminacy)의 문제가 생긴다.

그러면 고전적인(classic) 최적성이론에서는 위 문제를 어떻게 다룰 수 있는지 살펴보자. 이 이론에서는 다음과 같은 제약들이 분석에 필요하다.

7.3.4.6

a. *h 분절음 h는 허용되어서는 안 된다.

b. MAX-IO 입력부의 분절음은 출력부에서 대응형이 있어야 한다.

c. DEP-IO 출력부의 분절음은 입력부에서 대응형이 있어야 한다.

d. ONSET 음절은 초성이 있어야 한다.

위 제약들의 위계에 따라 유형 A와 B의 방언은 쉽게 설명된다.

7.3.4.7

유형 A

Input: harm	*h	DEP-IO	ONSET	MAX-IO
☞ a. [ø]arm			*	*
b. [h]arm	*!			

7.3.4.8

유형 B

Input: harm	MAX-IO	DEP-IO	ONSET	*h
☞ a. [h]arm				*
b. [ø]arm	*!		*	

그러나 C 유형 방언의 경우, /h/-삭제를 위한 위계와 /h/-삽입을 위한 위계가 한 문법 안에서 충돌하게 된다.

7.3.4.9

유형 C에서의 /h/-삭제

Input: harm	*h	DEP-IO	ONSET	MAX-IO
☞ a. [ø]arm			*	*
b. harm	*!			

7.3.4.10

유형 C에서의 /h/-삽입

Input: egg	MAX-IO	ONSET	*h	DEP-IO
☞ a. [h]egg			*	*
b. egg		*!		

최적성이론은 한 문법 안에서 다른 두 개의 위계가 공존하는 것을 허용하지 않는다. 따라서 고전적 최적성이론에 기반을 둔 설명은 /h/에 관한 역설적 현상을 설명하지 못한다고 말할 수 있다.

이처럼 규칙기반 이론과 고전적 최적성이론에서 /h/의 삭제와 삽입이 둘 다 일어나는 방언의 문제가 해결되지 않는다. 이에 대해 Lee(2007a)는 어휘부 기반 최적성이론(lexicon-dependent OT)으로 문제를 해결하고 있다. 기존의 고전적인 최적성이론이 기저형을 중요하게 여기지 않던 것과 달리 어휘부 기반 이론은 기저형의 중요성을 부각하는 이론이다.[12] 규칙기반 이론과 고전적 최적성이론은 영어의 방언들이 하나의 동일한 기저형을 가지고 있다는 범방언적 가정(panlectal hypothesis)을 취하고 있다. 이와는 달리 Lee(2007a)는 각 방언이 그들 나름의 어휘부를 가지고 있다는 가정을 도입한다(polylectal hypothesis). 또한 한 어휘 항목이 여러 개의 기저형(multiple underlying representations)을 가질 수 있다고 가정한다. /h/-삭제와 /h/-삽입의 경우 Lee(2007a)는 다음과 같이 가정한다.

7.3.4.11

a. /h/-삭제를 겪는 단어들은 여러 개의 기저형을 가진다.

b. /h/-삽입을 겪는 단어들은 하나의 기저형을 가진다. 이 기저형에는 /h/가 있다 (예: egg의 경우 /hegg/가 기저형).

이렇게 기저형을 가정하면, 한 방언에서 동시에 일어나는 /h/-삭제와 /h/-삽입을 하나의 동일한 제약위계를 가지고 설명할 수 있다.

12) Lee(2002, 2004)는 영어의 이형태(allomorphy)를 분석하면서 어휘부 기반 최적성이론을 제안하였다.

7.3.4.12

Input: /ø/arm, /h/arm	MAX-IO	DEP-IO	*h	ONSET
☞ a. [ø]arm				*
b. harm			*!	

7.3.4.13

Input: hegg	MAX-IO	DEP-IO	*h	ONSET
☞ a. [h]egg			*	
b. egg	*			*!

〈7.3.4.12〉와 〈7.3.4.13〉에서 보듯이 MAX-IO, DEP-IO, *h ≫ ONSET이라는 동일한 제약위계로써 /h/-삭제 현상과 /h/-삽입 현상을 잘 설명할 수 있다.

Lee(2007a)는 어휘적으로 구체적인 기저형을 상정하고 방언마다 다른 기저형을 설정하는 것은 어휘 항목이 갖는 정보는 자의적인 것이라는 일반적인 가정과 잘 부합되는 것이라고 주장한다. 그러면서 기저형에 관한 각 어휘 항목의 자의성(arbitrariness)에 관해서 여러 가지 증거를 제시한다.[13)]

또한 어휘부 기반 규칙 의존 이론(Lexicon-based derivational rule theory)은 어휘부 기반 최적성이론과 달리 /h/-삭제와 삽입에 관련된 문제를 해결할 수 없음을 Lee(2007a)는 잘 보여 주고 있다.

마지막으로, Lee(2007a)는 Lee(2007b)에서와 마찬가지로 어휘부 기반 최적성이론의 설명이 적절한지에 대해 다시 한 번 짚고 넘어간다. 어휘부 기반 최적성이론은 언뜻 보기에 최적성이론의 중요한 원리의 하나인 기저

13) 이 증거들에 관해서는 Lee(2007b: 726-728)를 참조하기 바란다.

형의 풍부성(Richness of the Base, ROTB)을 위배하는 듯 보이기 때문이다. 이 원리는 기저형에는 어떠한 제약도 있어서는 안 된다는 원리이다. 그러나 Lee(2007a)는 이 원리에 대한 실제적인 증거는 이음현상(allophony)에 대한 연구에서만 밝혀졌음을 지적하면서, 이론적인 정당성이 약하다고 주장한다.

또한 기저형의 풍부성 원리는 이론 내적으로 어휘부의 최적화(Lexicon Optimization, LO)라는 다른 원리와 비교되어야 할 필요가 있다고 Lee(2007a)는 주장한다. 어휘부의 최적화는 입력부가 최대한으로 최적한 출력부 후보들과 비슷해야 한다는 원리다. 이런 점에서 기저형의 풍부성과 어휘부의 최적화는 상반된 지향점을 가지고 있다. Lee(2007a)는 이 두 원리 중 어느 쪽에 더 무게를 두느냐는 쉽지 않으며 또한 간단한 문제가 아님을 밝히고 있다. 따라서 어휘부에 의존한 최적성이론이 기저형의 풍부성이라는 원리와 배치되는 면이 있다 하여 옳지 않다고 할 수는 없다고 주장한다.

7.4 영어방언음운론 연구를 통한 이론적 성과

앞에서 살펴본 바와 같이 영어에 나타나는 모음 체계, 모음 통합 현상, /r/-관련 음운현상, /h/-관련 음운현상 등이 하나의 단일한(monolithic) 현상이 아니라는 것을 방언연구를 통해 확인할 수 있다. 이러한 점을 방언연구의 성과로 꼽을 수 있을 것이다.

또한 보편적 제약의 역동적 자리매김을 통해 다양한 문법이 발생한다는 최적성이론의 가정이 방언에도 적용됨을 확인할 수 있었다. 언어 간의 차이에서뿐만 아니라 방언 간의 차이에도 동일한 이론적 기제가 적용된다는 점은 매우 환영할 만한 일이라고 말할 수 있다.

그리고 영어 방언연구는 지금까지 관심을 받지 못했던 방언들의 자료를 찾아내는 것이 음운이론의 발전에 도움을 줄 수 있음과 아울러 사람의 언어능력 규명에도 새로운 통찰력을 제공해 줄 수 있음을 확인시켜 주었다. 앞에서도 지적했듯이, 모음 뒤 /r/ 연구에서는 다양한 방언을 조사하여 분류함으로써 의미 있는 발견들이 나왔다. 기존의 연구들은 한 방언에서 /r/-연결과 삽입이 동시에 일어나든지 아니면 둘 다 일어나지 않는다고 보았다. 그러나 이 연구에서 그렇지 않은 방언들이 있다는 것이 밝혀졌다. 또한 그동안 다뤄지지 않았던 유형의 방언도 찾아냄으로써 모음 뒤의 /r/과 관련된 현상을 더 폭넓게 이해하는 데 도움이 되고 있다.

다음으로, 영어 방언을 하나의 기준으로만 분류할 수 있는 것이 아니라 다양한 기준에 따라 분류할 수 있음을 확인할 수 있었다. 영어 방언이 다양한 기준에 의해서 아주 다양한 유형으로 나뉜다는 사실은 수많은 영어 방언의 존재에 대한 설명의 단초가 될 수 있을 것이다. 이런 점에서 형식적, 이론적인 방언연구의 필요성을 확인할 수 있었다.

마지막으로 방언연구는 기저형에 관한 이론적 이슈를 부각하는 기회를 제공한다. /h/-삭제 현상과 삽입 현상 그리고 음절 각음 /r/ 관련 음운현상에서 기저형이 한 언어의 방언마다 다르다는 복수기저형 가설(polylectal hypothesis)과 한 언어에는 하나의 기저형만이 존재한다는 범기저형 가설(panlectal hypothesis)을 이론적으로 검증하는 기회를 가질 수 있었다. 앞으로 더 많은 방언연구를 통해 더 다양한 검증이 가능할 것이다.

7.5 영어방언음운론의 향후 연구 방향

여기서는 영어 방언연구의 일면을 몇 가지 연구를 통해 살펴보았다. 이러한 시도는 앞으로 더 많은 영어 방언연구를 촉진하는 계기가 될 수 있을 것이다.

방언연구의 방향은 크게 두 가지로 생각해 볼 수 있다. 하나는 어느 특정 현상을 방대한 방언 자료를 통하여 심도 있게 연구하는 것이다. 다른 하나는 보다 많고 다양한 음운현상을 여러 방언 자료를 통해서 발견해 내는 것이다.

우선 한 음운현상을 깊이 있게 연구하기 위해서는 더 많은 방언 자료가 필요하다는 점에 대해서 살펴보자. 영어 방언에서의 모음 체계를 시도한 이재영(1999)을 바탕으로 더 많은 방언 자료를 조사 분석함으로써 Roh(2004)는 영어의 모음 체계에 작용하고 있는 관련 제약이 훨씬 더 많다는 것을 확인하였다. 이것은 특정 음운현상에 대한 이해의 폭을 넓히기 위해서는 더 많은 방언연구가 필요함을 보여 주는 예라고 말할 수 있다. Chomsky & Halle(1968) 이후 행해진 영어음운론 연구는 방언의 수와 언어 자료의 양에 있어서 매우 빈약한 채로 이어져 왔다고 말할 수 있다. 이러한 자료의 빈약성은 언어이론의 불완전성으로 이어질 가능성이 매우 높다. 따라서 방언연구는 언어이론의 발전을 위해서도 필요하다.

다음으로 새로운 음운현상을 발굴해 내기 위해서도 방언연구가 필요하다는 것을 생각해 보자. 기존의 연구가 다루던 음운현상만 통해서는 새로운 언어학적 통찰을 기대하기 어렵다. 영어음운론 분야에서의 기존의 많은 연구를 살펴보면, 분석 대상 음운현상이 매우 한정되어 있음을 확인할 수 있을 것이다. 이러한 음운현상의 한정성은 언어이론의 빈약성으로 이어지게 된다. 따라서 언어이론의 풍요로움을 위해서는 다양한 종류의 방언연구가 반드시 필요하다고 말할 수 있다. 앞에서 언급한 바와 같이 음절 초 /h/와 관련해서 C유형의 방언을 찾아냄으로써 새로운 종류의 음운현상이 하나의 문법 체계 내에 존재한다는 것을 알 수 있었다. 나아가 음운이론의 검증을 더 엄밀하게 할 수 있게 되었다. 또한, 방언연구를 통해 지금까지 관심을 받아 오지 못한 수많은 현상이 존재함을 알 수 있다. 예를 들면 후설 설측음 탈락(dark l-dropping), 설측음 삽입(l-insertion), 설전음 이화(r-dissimilation), 치간 마찰음 경화(TH-stopping), 치간 마찰음 전설화(TH-fronting), 연모음변화(soft mutation), 파열음 삽입(plosive epenthesis) 등의 음운현상이 영어에 존재하는데, 이러한 현상들은 기존의 영어음운론 연구에서는 많이 다뤄지지 않는 것이다. 방언연구를 통해 이 현상들이 매우 일반적인 음운현상임을 알 수 있게 된다.

참고문헌

김종현. 2009.『언어의 이해』, 태학사.

이재영. 1998.「영어의 모음교체 현상과 초분절음적 구조」,『음성음운형태론연구』4: 251-271.

이재영. 1999.「영어의 모음체계 연구」,『말소리』38: 71-97.

이재영. 2001.「영어발음교육과 영어음성학/음운론의 이해」,『영학논집』25: 39-57.

이재영 · 노근영. 2008.「영어의 홑모음 음소 통합: 음소 목록의 단순화와 무표성」,『신영어영문학』41: 241-258.

전상범. 1995.『영어음성학 개론』, 을유문화사.

전상범. 2004.『음운론』, 서울대학교출판부.

Archangeli, D. B. 1984. "Underspecification in Yawelmani Phonology and Morphology," Doctoral Dissertation. Massachusetts Institute of Technology.

Aronoff, M. 1976. "Word Formation in Generative Grammar," *Linguistic Inquiry Monographs 1*, Cambridge, MA: MIT Press. pp. 1-134.

Bailey, C.-J. N. 1972. "The Integration of Linguistic Theory: Internal Reconstruction and the Comparative Method in Descriptive Analysis," *Linguistic Change and Generative Theory*. pp. 22-31.

Bailey, C.-J. N. 1973. *Variation and Linguistic Theory*. Center for Applied Linguistics. Arlington.

Bailey, C.-J. N. and R. W. Shuy(Eds.). 1973. *New Ways of Analyzing Variation in English*. Washington D. C.: Georgetown University Press.

Bakovic, E. 1999. *Deletion*, "Insertion and Symmetrical Identity," MS., Cambridge, MA: Harvard University. [ROA-300-0299]

Benua, L. 1997. "Transderivational Identity: Phonological Relations between Words," Doctoral Dissertation. University of Massachusetts, Amherst.

Blevins, J. 2004. *Evolutionary Phonology: Thes Emergence of Sound Patterns*.

Cambridge University Press.

Bloomfield, L. 1933. *Language History: From Language*(1933 Ed.). New York: Holt, Rinehart and Winston.

Blumenfeld, R. 2002. *Accents: A Manual for Actors*. New York: Limelight Editions.

Borowsky, T. J. 1986. "Topics in the Lexical Phonology of English," Doctoral Dissertation. University of Massachusetts.

Borowsky, T. J. and B. Horvath. 1997. "L-vocalization in Australian English," F. Hinskens, R. V. Hout, and W. Wetzels(Eds.). *Variation, Change, and Phonological Theory*. Amsterdam and Philadelphia: John Benjamins Publishing Company. pp. 101-123.

Britain, D. 2005. "Innovation Diffusion: "Estuary English" and Local Dialect Differentiation: The Survival of Fenland Englishes," *Linguistics* 43(5): 995-1022.

Bronstein, A. J. 1960. *The Pronunciation of American English: An Introduction to Phonetics*. New York: Appleton-Century-Crofts, Inc.

Burzio, L. 1994. *Principles of English Stress*. Cambridge: Cambridge University Press.

Carr, P. 1999. *English Phonetics and Phonology: An Introduction*. Oxford: Blackwell.

Chomsky, N. 1965. *Aspects of the Theory of Syntax*. Cambridge, MA: MIT Press.

Chomsky, N. and M. Halle. 1965. "Some Controversial Questions in Phonological Theory," *Journal of Linguistics* 1(02): 97-138.

Chomsky, N. and M. Halle. 1968. *The Sound Pattern of English*. New York: Harper and Row.

Clements, G. N. 1985. "The Geometry of Phonological Features," *Phonology* 2(01): 225-252.

Clements, G. N. and S. J. Keyser. 1983. "CV Phonology: A Generative Theory of the Syllable," *Linguistic Inquiry Monographs 9*. Cambridge, MA: MIT Press. pp. 1-191.

Giegerich, H. J. 1992. *English Phonology: An Introduction*. Cambridge: Cambridge University Press.

Gimson, A. C. 1980. *An Introduction to the Pronunciation of English*(3rd Ed.). London: Edward Arnold.

Goldsmith, J. A. 1976. "An Overview of Autosegmental Phonology," *Linguistic Analysis* 2: 23-68.

Goldsmith, J. A. 1990. *Autosegmental and Metrical Phonology*. Oxford: Basil Blackwell.

Goldsmith, J. A. 1991. "Phonology as an Intelligent System," *Bridges between*

Psychology and Linguistics. pp. 247-267.

Green, L. J. 2002. *African American English: A Linguistic Introduction*. Cambridge, UK and New York, USA: Cambridge University Press.

Halle, M. 1964. "On the Bases of Phonology," J. Fodor and J. Katz(Eds.). *The Structure of Language*. Englewood Cliffs, Nj: Prentice-Hall. pp. 324-333.

Halle, M. and J.-R. Vergnaud. 1978. "Metrical Structures in Phonology," MS., Cambridge, MA.: MIT.

Halle, M. and J.-R. Vergnaud. 1987. *An Essay on Stress*. Cambridge, MA: MIT Press.

Halle, M. and K. P. Mohanan. 1985. "Segmental Phonology of Modern English," *Linguistic Inquiry* 16: 57-116.

Harris, J. 1985. *Phonological Variation and Change: Studies in Hiberno-English*. Cambridge: Cambridge University Press.

Hayes, B. 1979. "Extrametricality in Papers on Syllable Structure, Metrical Structure and Harmony Processes," (1 p. de ref. ht) *MIT Working Papers in Linguistics 1*: 77-87.

Hayes, B. 1980. "A Metrical Theory of Stress Rules," Doctoral Dissertation. Massachusetts Institute of Technology.

Hayes, B. 1981. "A Metrical Theory of Stress Rules," Revised Version of 1980 MIT Doctoral Dissertation. Distributed by Indiana University Linguistics Club, Bloomington, Indiana.

Hayes, B. 1985. *A Metrical Theory of Stress Rules*. Revised Version of 1980 MIT Doctoral Dissertation. New York: Garland Press.

Hayes, B. 1989. "Compensatory Lengthening in Moraic Phonology," *Linguistic Inquiry* 20: 253-306.

Hayes, B. 1992. *Comments on Nolan*. Papers in Laboratory Phonology II: Gesture, Segment, Prosody. Cambridge: Cambridge University Press.

Hayes, B. 1995. *Metrical Stress Theory: Principles and Case Studies*. Chicago and London: The University of Chicago Press.

Herman, L. and M. S. Herman. 1997. *American Dialects: A Manual for Actors, Directors, and Writers*. New York: Routledge.

Hinskens, F., R. Van Hout, and L. Wetzels(Eds.). 1997. *Variation, Change and Phonological Theory*(Vol. 146). Amsterdam and Philadelphia: John Benjamins Publishing.

Holmes, J. 1995. "Glottal Stops in New Zealand English: An Analysis of Variants of Word-final /t/," *Linguistics* 33: 433-463.

Honeybone, P. 2005. "Variation in English Accents and Problems with Panlectal

Generalizations," *The Proceedings of the Linguistic Society of Korea*. pp. 46-59.

Hong, S-H. 2004. "Intrusive r in Boston English from another Perspective in OT," *Saehan English Language and Literature* 46(1): 285-307.

Hughes A. and P. Trudgill. 1996. *English Accents and Dialects*(3rd Ed.). London: Edward Arnold.

Hwangbo, Y-S. 1998. "Intrusive r in English: A Functional Approach," *Studies in Phonetics, Phonology and Morphology* 4: 273-314. The Phonology-Morphology Circle of Korea.

Hyman, L. 1970. "How Concrete is Phonology?" *Language* 46(1): 58-76.

Hyman, L. 1985. *A Theory of Phonological Weight*. Dordrecht: Foris.

Jones, D. 1964. *In Honour of Daniel Jones: Papers Contributed on the Occasion of His Eightieth Birthday, 12 September 1961*. London: Longmans.

Jun, J. 1995. "Perceptual and Articulatory Factors in Place Assimilation: An Optimality Theoretic Approach," Doctoral Dissertation. UCLA.

Kager, R. 1999. *Optimality Theory*. Cambridge: Cambridge University Press.

Kahn, D. 1976. *Syllable-based Generalizations in English Phonology*(Vol. 156). Bloomington: Indiana University Linguistics Club.

Kang, S-K. 1998. "Linking and Intrusive r in English: A Correspondence Account," *Linguistics* 6(2): 243-262. The Linguistic Association of Korea.

Kenstowicz, M. 1993. "Peak Prominence Stress Systems and Optimality Theory," In Proceedings of the First International Conference on Linguistics at Chosun University. pp. 7-22.

Kenstowicz, M. 1994. *Phonology in Generative Grammar*. Cambridge, USA and Oxford, UK: Basil Blackwell.

Kiparsky, P. 1968. "How Abstract is Phonology?" Indiana University Linguistics Club.

Kiparsky, P. 1972. "Explanation in Phonology," Stanley Peters(Ed.). *Goals of Lnguistic Theory*. pp. 189-227.

Kiparsky, P. 1973. "Abstractness, Opacity and Global Rules," Indiana University Linguistics Club.

Kiparsky, P. 1979. "Metrical Structure Assignment is Cyclic," *Linguistic Inquiry* 10: 421-442.

Kiparsky, P. 1982. "Lexical Morphology and Phonology," I.-S. Yang(Ed.). *Linguistics in the Morning Calm*. Linguistics Society of Korea, Seoul: Hanshin. pp. 3-91.

Kiparsky, P. 2000. "Opacity and Cyclicity," *Linguistic Review* 17(2/4): 351-366.

Koo, B.-J. 2003. "Asymmetric Sensitivity to Syllable Structure in English Consonant

Realizations," Doctoral Dissertation. Seoul National University.

Labov, W. 1994. *Principles of Linguistic Change: Internal Factors*. Cambridge: Blackwell.

Ladefoged, P. 1993. *A Course in Phonetics*. New York, Chicago, San Francisco, Atlanta: Harcourt Brace Jovanovich, Inc.

Lee, J.-Y. 1996. "Some Aspects of English Phonology: An Optimality Theoretic Approach," Doctoral Dissertation. University of Illinois at Urbana-Champaign, Published by Hanshin Publishing Co, Seoul.

Lee, J.-Y. 2002. "English Allomorphy and Multiple Inputs: An Optimality-theoretic Account," *Korean Journal of Linguistics* 27(2): 253-274.

Lee, J.-Y. 2004. "Lexicon-dependent Optimality Theory," *Studies in Phonetics, Phonology and Morphology* 10: 49-88.

Lee, J.-Y. 2007a. "English /h/-deletion and /h/-insertion," *Korean Journal of Linguistics* 32(4): 713-734.

Lee, J.-Y. 2007b. "Post-vocalic /r/ in English and Dialect Variation: A Lexicon-Dependent OT Account," *Studies in Phonetics, Phonology and Morphology* 13(2): 325-351.

Lee, J.-Y. 2009.「영어에서의 기저음 /ŋ/: 방언을 기반으로 한 최적성이론적 고찰」, 『영어학』 9(1): 185-218.

Levin, J. 1985. "A Metrical Theory of Syllabicity," Doctoral Dissertation. Massachusetts Institute of Technology.

Liberman, M. and A. Prince. 1977. "On Stress and Linguistic Rhythm," *Linguistic Inquiry* 8: 249-336.

Lippi-Green, R. 1997. *English with an Accent*. London and New York: Routledge.

McCarthy, J. 1993. "A Case of Surface Constraint Violation," *Canadian Journal of Linguistics* 38: 169-195.

McCarthy, J. 1995. "Extensions of Faithfulness: Rotuman Revisited," MS., University of Massachusetts, Amherst.

McCarthy, J. 1998. "Sympathy and Phonological Opacity," MS., University of Massachusetts, Amherst. Presented at Hopkins Optimality Theory Workshop/ University of Maryland Mayfest 1997. [Available on ROA-252, Rutgers Optimality Archive, http://roa.rutgers.edu.]

McCarthy, J. 2007. *Hidden Generalizations: Phonological Opacity in Optimality Theory*. London: Equinox.

McCarthy, J. and A. Prince. 1993a. "Prosodic Morphology I: Constraint Interaction and Satisfaction," MS., University of Massachusetts, Amherst and Rutgers

University.

McCarthy, J. and A. Prince. 1993b. "Generalized Alignment," MS., University of Massachusetts, Amherst and Rutgers University.

McCarthy, J. and A. Prince. 1995. "Faithfulness and Reduplicative Identity," *Papers in Optimality Theory: University of Massachusetts Occasional Papers* 18: 249-384. Amherst MA: Graduate Linguistic Student Association.

McMahon, A. M. 2002. *An Introduction to English Phonology*(Vol. 22). Edinburgh: Edinburgh University Press.

Mohanan, K. P. 1982. "Lexical Phonology," Doctoral Dissertation. Massachusetts Institute of Technology.

Orgun, C. O. 2001. "An English r-insertion in Optimality Theory," *Natural Languages and Linguistics Theory* 19: 737-749.

Ortmann, A. 1999. "Consonant Epenthesis: Its Distribution and Phonological Specification," W. Kehrein and R. Wiese(Eds.). *The Phonology and Morphology of Germanic Languages*. Tübingen: Niemeyr. pp. 51-76.

Padgett, J. 2003. "Contrast and Post-Velar Fronting in Russian," *Natural Language & Linguistic Theory* 21(1): 39-87.

Pater, J. 1995. "On the Nonuniformity of Weight-to-Stress and Stress Preservation Effects in English," MS., Montreal, Quebec: McGill University.

Pierrehumbert, J. 2001. "Stochastic Phonology," *Glot International* 5(6): 195-207.

Prator, C. H. and B. W. Robinett. 1985. *Manual of American English Pronunciation*. Orlando: Harcourt Brace & Company.

Prince, A. 1983. "Relating to the Grid," *Linguistic Inquiry* 14: 19-100.

Prince, A. and P. Smolensky. 1993. "Optimality Theory: Constraint Interaction in Generative Grammar," MS., Rutgers University and University of Colorado at Boulder.

Prince, A. and P. Smolensky. 2004. *Optimality Theory: Constraint Interaction in Generative Grammar*. (Revision of 1993 Technical Report, Rutgers University Center for Cognitive Science.) Malden, MA: Blackwell.

Roca, I. M. 1999. "Stress in the Romance Languages," *Empirical Approaches to Language Typology*, pp. 659-811.

Roca, I. M. and W. Johnson. 1999. *A Course in Phonology*. Blackwell Publishers.

Roh, K.-Y. 2004. "English Dialects and Optimality Theory," MS., Seoul: Seoul National University.

Rubach, J. 1984. *Cyclic and Lexical Phonology: The Structure of Polish*(Vol. 17). Walter de Gruyter.

Rubach, J. 1997. "Extrasyllabic Consonants in Polish: Derivational Optimality Theory," I. Roca(Ed.), *Derivations and Constraints in Phonology*. Oxford: Clarendon Pess. pp. 551-581.

Sapir, E. 1921. "An Introduction to the Study of Speech," *Language*. New York: Hartcourt, Brace and Company.

Schneider, E. W. 2003. "The Dynamics of New Englishes: From Identity Construction to Dialect Birth," *Language* 79(2): 233-281.

Selkirk, E. 1980. "The Role of Prosodic Categories in English Word Stress," *Linguistic Inquiry* 11: 563-605.

Siegel, D. C. 1974. "Topics in English Morphology," Doctoral Dissertation. Massachusetts Institute of Technology.

Sivertsen, E. 1960. *Cockney Phonology*. Bergen: Oslo University Press.

Stampe, D. 1979. "A Dissertation on Natural Phonology," Doctoral Dissertation. Bergen: Ohio State University.

Steriade, D. 1987. "Redundant Values," *CLS* 23(2): 339-362.

Steriade, D. 1999. "Phonetics in Phonology: The Case of Laryngeal Neutralization," Matthew Gordon(Ed.). *Papers in Phonology 3*. UCLA Working Papers in Linguistics 2. UCLA, UCLA Linguistics Department, pp. 25-146.

Trubetzkoy, N. S. 1939. *Grundzüge der Phonologie*. Göttingen: Vandenhoek and Ruprecht [Translated in 1969 by C. Baltaxe as *Principles of Phonology*. Berkeley/Los Angeles, CA: University of California Press].

Trudgill, P., E. Gordon, G. Lewis, and M. Maclagan. 2000. "Determinism in New-Dialect Formation and the Genesis of New Zealand English," *Journal of Linguistics* 36: 299-318.

Uffmann, C. 2005. "Intrusive [r] and Optimality Epenthetic Consonants," MS., Marburg: Philipps-Universtität.

Walsh, L. 1997. "The Phonology of Liquids," Unpublished Doctoral Dissertation. University of Massachusetts, Amherst.

Warner, N. 2002. "The Phonology of Epenthetic Stops: Implications for the Phonetics-Phonology Interface in Optimality Theory," *Linguistics* 40(1): 1-27.

Wells, J. C. 1982. *Accents of English 1, 2, 3*. Cambridge: Cambridge University Press.

Wolfram, W. 2003. "Reexamining the Development of African American English: Evidence from Isolated Communities," *Language* 79(2): 282-316.

Wolfram, W. and N. Schilling-Estes. 1998. *American English*. Malden, MA: Blackwell.

찾아보기

ㅂ

ㅅ

ㅇ

ㅍ

ㅎ

이재영

서울대학교 인문대학 영어영문학과 졸업(학사)
서울대학교 대학원 영어영문학과 졸업(석사)
University of Illinois at Urbana-Champaign(박사)
전남대학교 인문대학 영어영문학과 교수
서울대학교 교무부처장
서울대학교 학생처장
현재 서울대학교 인문대학 영어영문학과 교수
　　서울대학교 기초교육원장

저서 및 논문

『고등영어』(대표저자)
『중학영어』(대표저자)
「고전적 최적성이론의 재조명」
「음운론적 비균일성: 영어를 중심으로」
"Lexicon-dependent Optimality Theory"
"Post-vocalic /r/ in English and dialect variation:
A lexicon-dependent OT account"
그 외 다수